PROSPECTION COMMERCIALE

Stratégie et tactiques pour acquérir de nouveaux clients

Éditions d'Organisation
Groupe Eyrolles
61, bd Saint-Germain
75240 Paris Cedex 05
www.editions-organisation.com
www.editions-eyrolles.com

RENÉ MOULINIER

Diplômé de l'IEP de Paris
Diplômé de l'ESC de Marseille-Provence
Directeur de Moulinier et Associés

PROSPECTION COMMERCIALE

Stratégie et tactiques pour acquérir de nouveaux clients

Troisième édition

EYROLLES
Éditions d'Organisation

OUVRAGES DE RENÉ MOULINIER

Éditions d'Organisation

- Les techniques de la vente (Prix DCF)
- Vendre aux grands comptes
- Les entretiens de vente (épuisé)
- Vendre pour la première fois
- Visites clients : préparez vos négociations
- Comment rater une vente (avec Sophie-Charlotte Moulinier), ill. de Mick
- Comportements de vente (avec Jean L. Lehman)
- Optimisez vos visites commerciales (les tournées des vendeurs)
- L'efficacité du commercial, les 14 clés de la réussite (Prix DCF)
- Manager les vendeurs
- Le livre du chef des ventes
- La direction d'une force de vente (épuisé)
- Le recrutement des commerciaux (avec Florian Mantione) (épuisé)
- Mener une réunion efficace
- Former pour la première fois

Autres éditeurs

- Guide du savoir-vivre des affaires (Chiron)
- Gestion du temps, managez votre travail, managez votre vie (Chiron)
- L'essentiel de la vente (Chiron)
- Le cœur de la vente (Village Mondial) (épuisé)
- Les 500 mots clés de la vente, dictionnaire encyclopédique (Dunod) (épuisé)
- Dictionnaire de la vente (Vuibert)
- L'évaluation du personnel (Chiron)

Moulinier et Associés (rene.moulinier@wanadoo.fr)

- Audio livre numérique : Vendre avec succès (disponible en téléchargement www.numilog.com)
- Cassettes audio : Mieux vendre I et II

Sommaire

1

L'ardente obligation de la prospection

Une des seules certitudes nées de l'immense bouleversement provoqué par la triple crise mondiale financière, économique et sociale dans laquelle ont été plongées pratiquement toutes les entreprises, tient à l'exacerbation de la concurrence à laquelle elles sont exposées.

Cette concurrence accrue s'est traduite par des départs de clients que l'on croyait jusqu'alors solidement arrimés à leurs fournisseurs. De là, pour ces derniers, la nécessité de remplacer les départs par l'arrivée de nouveaux clients. Ainsi l'impératif de la prospection redevient-il – si les années de facilité avaient pu le faire passer au second plan – une priorité.

POURQUOI PROSPECTER ?

Une clientèle commerciale s'apparente à un organe biologique dont l'existence est caractérisée par l'incessant renouvellement des cellules, les plus jeunes remplaçant celles qui ont vieilli et qui meurent. Une clientèle naît, se développe et s'éteint, ou du moins s'éteindrait si, précisément, la direction commerciale n'était vigilante pour substituer de nouveaux clients à ceux que l'on perd ou que l'on a intérêt à ne pas conserver (mauvais payeurs, clients coûteux à gérer, etc.).

Les origines de la décision de développer la prospection sont multiples :

- En période de crise économique, votre entreprise décide d'aller à contre-courant du défaitisme ambiant et d'avancer pour gagner des parts de marché.

- Votre entreprise détient une part de marché importante et son chiffre d'affaires stagne : la direction commerciale analyse les branches professionnelles et les régions où ses produits ont moins pénétré que la moyenne nationale, et décide d'engager une action collective en direction des cibles qu'elle aura repérées.

- La concurrence s'intensifie, de nouveaux fournisseurs arrivent sur le marché, certains de vos concurrents baissent leurs prix ou bien vous êtes concurrencé par des importations à bas prix et vos clients les plus importants font pression sur vous : vous concentrez vos efforts de vente sur vos clients anciens et partez à la conquête de clients de moyenne importance moins bien placés pour exiger les conditions accordées aux clients importants.

- L'analyse de votre portefeuille de clientèle révèle que vos ventes reposent presque entièrement sur les achats de clients importants : vous orientez vos efforts vers l'acquisition de clients moyens avec un bon potentiel de développement.

- L'évolution technologique modifie les habitudes d'achats de vos partenaires, de nouveaux segments de clientèle apparaissent : vous partez à la conquête de nouvelles cibles.

- Votre entreprise modifie ses fabrications, ce qui vous ouvre de nouveaux débouchés.

La prospection vivifie le portefeuille de la clientèle.
Chaque vendeur expérimenté et présent depuis plusieurs années dans son entreprise constatera que sa clientèle d'aujourd'hui est sensiblement différente de celle qui constituait son portefeuille de clients il y a dix ou vingt ans, même si le territoire qui lui est dévolu est resté le même.

LES DIFFICULTÉS DE LA PROSPECTION

On pourrait penser que rien n'est plus simple que de prospecter la clientèle. En effet, le vendeur qui se présente pour la première fois chez un prospect ne porte pas le poids des multiples erreurs, réclamations, discussions qui émaillent la relation habituelle entre un client et son fournisseur. Tout nouveau, tout beau !

Ce n'est pourtant pas ainsi que les vendeurs vivent les moments de la prospection. Ils ont plutôt le sentiment de déranger certains prospects, d'être des intrus indésirables. Leur présence semble susciter d'abord la méfiance. Ils ont clairement l'impression de subir un examen de passage, d'être toisés, évalués, soupesés. *Mene, thecel, pharès*[1] comme il est écrit dans la Bible : « compté, pesé, divisé ».

Les refus de rendez-vous sont nombreux et les rencontres se soldent par bien des échecs, qui engendrent autant de frustrations.

En définitive, pour bien des vendeurs, la recommandation d'avoir à prospecter fait naître une sourde désapprobation et un découragement démobilisateur. Et si l'on part prospecter, le cœur n'y est pas toujours, on y va en courbant le dos et en traînant les pieds après avoir évoqué le fameux « manque de temps », excuse classique de celui qui n'aime pas faire quelque chose.

LA PROSPECTION, UN ART DIFFICILE ?

Seuls quelques vendeurs se sentent particulièrement à l'aise rien qu'à l'évocation des nouveaux contacts à établir. On peut donc se demander si la prospection, « art difficile », n'est pas uniquement l'apanage de certains.

Nous ne le pensons pas. La prospection, si elle est mal vécue, tient à une impréparation certaine et à un manque de méthode. Le présent ouvrage a pour objectif de vous aider à réussir et à vous épanouir dans l'indispensable prospection.

Quand on observe les actions de prospection engagées par les entreprises, on est surpris par les obstacles que celles-ci placent

© Groupe Eyrolles

---

1. Daniel, V, 25.

sous les pieds de la force de vente pour réduire l'efficacité de son action. En voici quelques-uns :

• Absence d'étude systématique du marché : on détermine mal les segments de marché plus perméables que d'autres à nos produits, moins sollicités par nos concurrents.

• Les directives sur les cibles à privilégier sont soit absentes, soit floues.

• Chaque délégué commercial manque de points de repères sur la répartition de sa charge de travail entre la gestion des clients acquis et la prospection. Il aimerait disposer d'un programme personnel de gestion des clients et de conquête de nouveaux clients avec des objectifs trimestriels ou annuels, lui permettant de comparer ses réalisations et de mesurer ses écarts pour envisager les dispositions de correction de la trajectoire.

• Le chargé de prospection (c'est ainsi que nous désignons dans cet ouvrage le vendeur, le représentant, le délégué commercial pour la part de son travail consacrée à la prospection) ne se sent pas concerné, appuyé, aidé pour mener à bien sa prospection.

• Face au prospect, il a le sentiment d'improviser, de travailler dans le désordre, d'être désemparé parce qu'il ne trouve pas de point de rencontre avec son interlocuteur.

• Quand il se trouve chez un client acquis à certains produits fabriqués par sa société mais pas à d'autres, et vendus par des départements voisins, le chargé de prospection a le sentiment de manquer de compétence pour détecter le besoin mal satisfait auquel pourraient correspondre les autres produits de son entreprise. Il lui est difficile d'oublier sa spécialité pour devenir un généraliste détecteur d'affaires pour ses collègues.

• Inversement, chez un prospect important, le représentant a quelque difficulté à accepter comme « leader commercial » un collaborateur de son entreprise qui a su tisser un réseau relationnel efficace, mais d'un niveau hiérarchique inférieur.

• Chez le prospect, le chargé de prospection a du mal à détecter le réseau d'influences qui commande la décision. Il a parfois l'impression de tambouriner à une porte qui n'est pas la bonne, et de ne pas trouver la véritable entrée.

• Chez le prospect, pour damer le pion à la concurrence, il ne sait pas comment déterminer le rythme convenable de visites. Ce que lui propose son interlocuteur permettra-t-il de faire jeu au moins égal avec ses concurrents ?

LES SIGNES ANNONCIATEURS DE LA PERTE D'UN CLIENT OU LA PROSPECTION À REBOURS

Une entreprise ne vit pas seulement la conquête de nouveaux clients. Elle connaît aussi la perte des clients, en raison du plus grand dynamisme de ses concurrents ou de ses insuffisances.

Il est intéressant de relever les signes annonciateurs de la perte d'un client :

• Dans votre entreprise, certains dossiers dorment, les clients ne sont pas suffisamment visités. Une trop grande charge de travail entraîne une perte de vigilance des services commerciaux.

• Parfois aussi, après avoir satisfait à une réclamation d'un client, on n'a pas pris le soin de vérifier s'il était content de la compensation obtenue.

• Chez le client, l'interlocuteur habituel change d'attitude. Au téléphone, le son de sa voix exprime une relation plus distante. On éprouve de bien plus grandes difficultés à obtenir un rendez-vous. On est dérivé vers des interlocuteurs opaques qui ne semblent plus transmettre les messages, qui semblent jouer le rôle d'un édredon.

Le vendeur qui recueille ces signes annonciateurs, ou d'autres, doit avoir la simplicité d'alerter immédiatement sa hiérarchie. Il faut à tout prix éviter qu'il ne soit trop tard pour mettre en place un plan de sauvetage d'urgence – si du moins la direction commerciale décide de conserver ce client. Ce plan de sauvetage ressemble à une opération de prospection, c'est pourquoi nous évoquons ici cette question.

TOUTE PROSPECTION EST ONÉREUSE

Si l'on considère le temps engagé par les chargés de prospection (appels téléphoniques de prise de rendez-vous, déplacements, visites, étude et rédaction de l'offre) et les coûts engendrés (salaires, charges, frais de déplacement, etc.), y compris les coûts de marketing (édition de brochures, de fiches techniques, réalisation d'un audiovisuel, coût des démonstrations, des visites d'usine, etc.), ceci pour un résultat aléatoire, il faut bien admettre qu'il est beaucoup plus coûteux d'acquérir un nouveau client que de bien gérer les clients existants pour les conserver. Raison de plus pour réfléchir avant de se lancer dans l'action. La stratégie de conquête des nouveaux clients doit être soigneusement élaborée.

LE CHARGÉ DE PROSPECTION, STRATÈGE ET TACTICIEN

Le stratège se recrute plutôt parmi les hommes de réflexion. En matière de prospection, la stratégie, c'est-à-dire la réflexion préalable à l'action, englobe :
• la définition des cibles et l'étagement des degrés de maturité des prospects (où et qui sont vos prospects ?) ;
• les travaux d'approche (message de prospection, appel téléphonique de prise de rendez-vous) ;
• l'analyse des forces et faiblesses de votre entreprise par rapport à ses concurrents (quel concurrent allez-vous rencontrer dans la place ?) ;

- votre préparation personnelle ainsi que la préparation de la visite (vous voulez réussir ? Soignez votre apparence) ;
- les instruments d'aide à la conduite de l'entretien de prospection (imprimez votre marque dès la première visite) ;
- la réflexion sur les réactions possibles du personnage que vous allez rencontrer (mentalité de prospect) ;
- le suivi des prospects (pour maintenir la pression sur le vivier de clientèle, la panoplie des relances, le management de la prospection).

Le tacticien se caractérise plutôt par sa propension à l'action. La tactique recouvre la conduite proprement dite de l'entretien de prospection :

- l'entrée en matière (pour bien commencer le premier entretien) ;
- la découverte de la situation actuelle du prospect en vue de détecter une occasion de vendre (plan de découverte du prospect) ;
- la résolution des obstacles habituels (pour déjouer les pièges du premier entretien, les objections et les obstacles de la prospection ou comment ne pas se laisser désarçonner) ;
- la conversion du prospect en client (l'argumentation en prospection, le contact ne suffit pas : il faut transformer le prospect en client).

Ici, nous voulons réunir en une seule personne, la vôtre, les qualités de stratège et de tacticien, ou si vous préférez, la réflexion et l'action.

VOTRE STRATÉGIE DE PROSPECTION

Selon que le délégué commercial s'appuie sur un solide portefeuille de clientèle, défriche un nouveau territoire de vente (cas de l'implantation dans une nouvelle région ou dans un pays étranger) ou reprend un territoire laissé à l'abandon pendant quelques années, il privilégiera :

- dans le premier cas, les prospects de niveau ou d'intérêt élevé (conquête de nouveaux clients importants, à la rigueur, moyens) ;
- dans les deuxième et troisième cas, le tout-venant, quitte à être plus sélectif ultérieurement.

LA DÉMARCHE DE VENTE EFFICACE

La démarche de vente consiste à adopter l'attitude et le comportement d'un conseil, c'est-à-dire d'un personnage centré sur l'analyse et la compréhension du besoin et de la psychologie de l'interlocuteur. Il ne s'agit plus d'être perçu comme un « vendeur » (au mauvais sens du terme) qui vient « prendre de l'argent » à un client (la contrepartie étant à peine perçue face à ce qui semble être une extorsion de fonds).

La découverte est privilégiée par rapport à l'ancienne dominante de l'argumentation (et cette argumentation est sélectionnée pour correspondre aussi exactement que possible à l'interlocuteur tel qu'il s'est révélé), sans que cela handicape la volonté d'aboutir ni l'efficacité du résultat, la vente demeurant une indispensable activité économique.

2

Où et qui sont vos prospects ?

Nous l'avons déjà écrit : une prospection est onéreuse. Il ne saurait être question de partir le nez au vent au gré de son inspiration. Mais qui sont nos prospects ? Combien sont-ils ? Quelles sont leurs caractéristiques ?

« Où sont les prospects ? » C'est probablement une des premières questions que l'entreprise, le directeur commercial et les vendeurs vont se poser dès que la décision de prospecter aura été prise. Nous ne connaissons pas d'entreprise qui soit parvenue à repérer la totalité de sa clientèle potentielle.

La plupart du temps, donc, l'entreprise cherche à situer quantitativement, puis qualitativement ses prospects.

COMBIEN SONT-ILS ?

Où sont-ils et combien sont-ils ? La réponse n'est pas toujours simple à trouver, même si, en apparence, on dispose d'un appareil statistique national et professionnel suffisant.

Mais si l'on évoque les statistiques disponibles auprès de l'Insee, force est de constater que le classement par Code APE place au sein de la même désignation des entreprises aux activités très différentes, du point de vue de l'entreprise qui s'intéresse au développement de son réseau de clientèle. Par ailleurs, certaines catégories ne sont pas recensées : par exemple, de tous ceux dont le métier consiste à vendre, seuls les VRP statutaires font l'objet d'un classement, les autres catégories – agents technico-commerciaux, ingénieurs de vente ou d'affaires, chefs de secteur, vendeurs, représentants, attachés, délégués, chargés de mission commerciale, etc. – sont recensées parmi les salariés sans distinction particulière ni avec la secrétaire commerciale, ni avec le personnel sédentaire en relation avec la clientèle.

À ce stade de la recherche, la statistique officielle peut fournir des points de repères quantitatifs, mais pas de véritables précisions.

Les précisions sont plus grandes, mais aussi incomplètes, si l'on effectue sa recherche dans des ouvrages de couverture nationale tels que les pages jaunes de l'annuaire téléphonique (très incomplètes), les annuaires et banques de données Kompass, Dun & Bradstreet, Essor (par département), ou logiciels de recueils d'adresses professionnelles, etc. Ces dernières bases de données ne se limitent pas à une localisation géographique, mais fournissent également des renseignements (souvent dépassés, mais il est difficile d'être à jour en permanence) sur les principaux dirigeants.

LE CLASSEMENT DES ENTREPRISES SELON KOMPASS

Kompass propose un classement des entreprises avec deux entrées :

- l'une, par secteurs d'activités classés selon une nomenclature et avec une numérotation propres à Kompass, recense les entreprises et leur adresse simplifiée (qui renvoie à la seconde entrée), leur statut (fabricant, distributeur, agent), la catégorie d'effectif et les types de produits fabriqués ou distribués (sur tableau qui renvoie à une nomenclature) ;

- l'autre, par département et par ordre alphabétique d'entreprise, informe notamment sur la raison sociale, l'adresse, le site Internet, le téléphone et la télécopie, parfois les adresses e-mail, la forme juridique, les noms des titulaires des fonctions de direction (président, directeur général, directeur administratif et financier, directeur des relations humaines) et des responsables opérationnels (achats, production, laboratoire, qualité, marketing, vente, etc.), l'effectif employé, le chiffre d'affaires et la part de l'exportation, la qualification ISO 9000, etc. (et renvoie à la première entrée par les produits fabriqués).

Ce dispositif permet une segmentation fine des prospects par activité, produit fabriqué ou vendu, par fonction et par secteur géographique de représentant.

La diffusion de ces informations pour des recherches clients et fournisseurs s'effectue sous forme d'abonnement Internet, Extranet, DVD, CD-Roms, annuaires imprimés, et fichiers de marketing direct[1].

Les mises à jour sont effectuées en permanence par un réseau dense d'enquêteurs. L'information sur les entreprises fournie par Kompass couvre 64 pays et répertorie 2,3 millions d'entreprises. Pour la seule France, 160 000 entreprises sont classées selon une nomenclature de 54 000 produits et services.

INTERNET : QUELLE AIDE POUR LA PROSPECTION ?

L'exploitation des sites Internet des clients et des prospects montre un ensemble de vitrines disparates, plutôt de type publicitaire reflétant des maîtrises différentes de ce type d'expression (statique, conventionnelle, dynamique, innovatrice) qui ne renseignent pas de façon comparable (comme le fait le Kompass par exemple), et qui n'apportent pas non plus l'information désirée (qui est en charge de quoi ?).

Dans l'état actuel de foisonnement des informations et de l'inégal intérêt des sites, Internet est davantage une source d'informations complémentaire sur des entreprises dont vous aurez déjà recensé les noms, qu'un fichier exhaustif et documenté sur les entreprises dont vous voudriez faire vos cibles.

---

1. Quand on utilise de multiples fichiers, et parfois à l'intérieur d'un même fichier, une entreprise peut être répertoriée plusieurs fois, à la même adresse, et sans qu'il s'agisse de départements ou de services différents. L'entreprise que nous dirigeons est recensée de trois façons : SARL Moulinier et Associés, MM. Moulinier et Associés, Moulinier et Associés.
Un des moyens connus pour épurer le fichier et éviter des doublons (les mailings multiples donnent une impression de gaspillage) est de confronter les numéros de téléphone. Un même numéro indique que les trois « entreprises » citées ci-dessus sont une seule et même entité.

Nous signalons l'existence de logiciels de surveillance des sites qui vous intéressent (modification des contenus, proposition de sites similaires, etc.).

Chaque métier, de plus, a son annuaire. Les citer tous serait fastidieux : on évoquera le *Sageret* (bâtiment), l'*Electro-Annuaire* (électricité et électronique), le *Déséchaliers* (imprimerie), le *Politi* (hôpitaux, laboratoires d'analyse, cliniques), les annuaires de *LSA* et le *Panorama de la Distribution* de *Points de Vente* (super et hypermarchés), etc.

Une autre source d'information sur les prospects, et elle est loin d'être négligeable, est établie à partir des informations recueillies par la force de vente sur son rayon d'action.

Sans prétendre, en définitive, parvenir à une précision absolue, ces multiples sources d'informations, croisées entre elles, permettent de situer approximativement :

• combien il existe de prospects dans les métiers qui intéressent l'entreprise ;
• combien sont déjà nos clients (quel est notre taux de pénétration par métier) ;
• comment ils se nomment ;
• où ils sont établis ;
• qui on doit appeler pour entrer en contact avec eux.

PROSPECT OUI, CLIENT PEUT-ÊTRE ?

Il existe souvent des similitudes entre les clients de votre entreprise. *A contrario,* certaines entreprises ne seront, pour diverses raisons, jamais clientes de la vôtre. Ceci suggère que tous les prospects ne sont pas nécessairement des clients potentiels de l'entreprise qui prospecte.

Faire une telle constatation ne relève ni de la pusillanimité, ni d'une quelconque modestie. Il s'agit plutôt de prendre conscience des attractions et répulsions naturelles qui peuvent exister, notamment pour renforcer l'action là où la pénétration est plus facile. Ces attractions ou répulsions peuvent être dues à des causes multiples, tenant aussi bien à la taille de l'entreprise et à la philosophie de ses dirigeants, qu'à la présence d'un ou plusieurs concurrents.

De ces divers éléments se dégage une typologie des prospects, qui servira de réflexion de départ sur les clients que veut conquérir l'entreprise.

LES FILONS DE CLIENTÈLE À PROSPECTER

Alors que pour beaucoup, prospecter c'est aller vers l'inconnu, pourquoi ne pas observer chez quels clients et avec quels produits votre entreprise est le plus facilement performante ? Car il y a fort à parier que ces indicateurs tracent la voie à suivre pour élargir sa clientèle.

Exploiter les tendances

Cette orientation vers le renforcement des succès s'appuie sur l'exploitation des statistiques de vente. Les quelques questions suivantes vous permettent de dégager des observations pertinentes :

- quels sont les segments de clientèle traditionnellement les plus importants de votre portefeuille de clients ?
- un ou plusieurs segments de clientèle sont-ils en développement rapide depuis trois ans ? Lesquels ?
- de quels segments de clientèle proviennent les nouveaux clients acquis depuis trois ans ?

La demande spontanée de produits et les progrès des ventes de certains produits depuis trois ans sont également de bons indicateurs sur les produits du fournisseur à placer en fer de lance pour la préparation des actions de prospection. Ici même, posez-vous quelques questions :

- quelle était la répartition des ventes de vos produits il y a cinq ans ? Et aujourd'hui ?
- la comparaison des deux répartitions fait-elle apparaître l'émergence, la continuité ou le déclin du succès de certains produits ? Lesquels ?
- quels sont les produits qui ont le meilleur pourcentage de développement depuis trois ans ? Et ceux qui régressent ?
- le croisement des produits qui ont du succès ou qui résistent bien dans une situation de régression des ventes, et des clientèles, se concentre-t-il sur certains segments de clientèle ou sur certains types de clients ? Lesquels ?

La philosophie qui préside à l'exploitation des tendances ainsi dégagées est d'aller au plus facile, c'est-à-dire de renforcer les succès naturels des produits et des clientèles, de cibler les clientèles à prospecter que votre entreprise connaît bien (vous aurez plus aisément un langage adapté) et les clientèles nouvelles séduites par vos produits, qu'ils soient anciens ou nouveaux (votre offre sera plus efficace).

Prospect recensé, repéré, contacté, travaillé

Recenser les prospects est une chose. Engager les pourparlers qui conduiront à les transformer en client en est une autre. Entre les deux se situe une zone floue qu'il convient de rendre nette. Nous avons souvent entendu des directeurs commerciaux se lamenter sur le faible *taux de transformation* des prospects en clients. Et d'en conclure que leur force de vente ne prospecte pas ou ne prospecte pas efficacement.

Face à cette plainte, nous cherchons d'abord à définir ce qu'on appelle « prospect ». Et l'on trouve de tout ! Aussi bien une adresse parfois fausse, qu'un quasi-client tellement les négociations sont à un stade avancé.

Pour y voir clair, nous proposons que les prospects soient définis selon le degré de l'approche.

Prospect recensé

Son existence est indiquée par une statistique officielle ou non.

Prospect repéré

L'entreprise sait où il se trouve, a validé l'adresse et le numéro de téléphone, a même, dans certains cas, recueilli quelques informations à son sujet. Cette entreprise achète notre type de produit ou de prestation. Elle peut être aussi une entreprise commençant une activité nouvelle à la recherche de notre catégorie de fournisseur.

Prospect contacté

Le prospect a été touché par une ou plusieurs lettres, fax, e-mails ou envois de documentations. Il a été appelé au téléphone pour une prise de rendez-vous. Le rendez-vous n'a pas encore eu lieu.

Prospect travaillé

Le rendez-vous a eu lieu. Un premier échange verbal, et parfois également écrit, s'est déroulé.

Sont encore considérés comme prospects travaillés ceux chez qui l'entreprise procède à des remises d'échantillons, à des essais, établit des devis détaillés, effectue une étude de faisabilité (non rémunérée, ou parfois rémunérée).

Le prospect travaillé n'est retiré du fichier que lorsqu'il devient client de l'entreprise ou lorsqu'il traite avec un concurrent. Mais dans ce dernier cas, ce client « perdu » peut revenir dans la catégorie des prospects contactés.

Les ratios de transformation prennent une meilleure signification quand on étudie :

* le pourcentage de prospects *repérés* transformés en prospects *contactés* ;
* le pourcentage de prospects *contactés* transformés en prospects *travaillés* ;
* le pourcentage de prospects *travaillés* transformés en clients.

LES « LIEUX » D'AMORÇAGE DE LA PROSPECTION

Dans nombre de métiers il y a des lieux auxquels se rendent la plupart des professionnels : congrès, foires et salons professionnels, mais aussi associations, réunions organisées par les chambres de commerce et les chambres des métiers. Ces lieux sont des sortes d'« embuscades à prospects ».

Allez échanger votre carte professionnelle contre les cartes des participants à ces manifestations. Vous aurez parfois l'occasion d'amorcer une fructueuse conversation.

LES DÉMONSTRATIONS DE RÉALISATIONS, DE MATÉRIELS OU DE SYSTÈMES

À l'occasion de l'inauguration d'une réalisation chez un de vos clients, ou lors de la présentation d'un matériel ou d'un système dans le showroom de votre entreprise ou dans un hôtel ou une salle, vous invitez les prospects repérés de la région, votre entreprise prenant en charge le buffet, ce qui vous permet en peu de temps de maximiser le nombre de contacts, et ce, à propos d'une démonstration concrète.

SALON PROFESSIONNEL : POUR LES CLIENTS OU POUR LES PROSPECTS ?

Votre entreprise expose dans le salon de sa branche professionnelle. Le stand de votre entreprise sur lequel toute ou partie de la force de vente a été mobilisée va recevoir de nombreux visiteurs, clients aussi bien que prospects.

La tentation est grande – c'est la voix de la facilité – de se consacrer aux clients connus. Bien entendu, vous avez adressé des invitations à vos clients acquis. Mais le principal de l'effort doit être porté sur vos prospects : anciens clients perdus de vue, prospects visités qui n'ont pas encore décidé de commencer une collaboration avec votre entreprise, prescripteurs susceptibles d'influencer vos clients et vos prospects.

Sur le stand, limitez votre échange au minimum indispensable pour rester courtois avec vos clients acquis. Présentez à chaque client important les membres de la direction présents. Si vos visiteurs souhaitent un entretien de fond ou faire une réclamation, prenez rendez-vous en fin d'après-midi et, mieux, après le salon.

Pendant votre conversation (interminable ?) d'autres personnes attendent que vous soyez disponible pour leur donner l'information qu'elles sont venues chercher. Et parmi celles-là, peut-être, se trouvent des prospects prometteurs. Que faire ? Surveillez en permanence la file d'attente et prenez contact rapidement avec chacun.

Pendant les moments creux, profitez-en pour alléger la présence de l'équipe commerciale sur votre stand et partez visiter les stands des entreprises qui ne travaillent pas encore avec la vôtre : échangez des cartes de visite, collectez les noms des décideurs pour préparer de nouveaux contacts après le salon.

ABORDER LES PROSPECTS SUR LE STAND

- Bannissez le : « Puis-je vous aider ? », trop entendu.

- Commencez par dire, selon le cas : « Bonjour Monsieur », ou « Bonjour Madame ».

- Nommez-vous (même si votre nom est inscrit sur un badge), ce qui en général provoque la présentation du visiteur (qui souvent a reçu à l'entrée son propre badge).

- Demandez-lui à quelle entreprise il ou elle appartient, quel est son secteur d'activité, quelle est sa fonction et quelle information il ou elle recherche :
  - si la réponse est évasive, n'insistez pas et prenez congé d'un signe de la tête ;
  - si la réponse est plus précise, apportez une brève information et proposez un rendez-vous après le salon.

- Demandez-lui sa carte et annotez-la avec la question posée.

- Si la question est très technique et que des spécialistes de votre entreprise sont présents sur le stand, dirigez-le alors vers le spécialiste.

ÉLARGIR LE PORTEFEUILLE DE PROSPECTS

Votre clientèle actuelle ne serait-elle pas un remarquable fournisseur de noms de prospects ? Avec pour avantage de vous présenter chez les prospects indiqués « sur la recommandation de… ». Encore faut-il penser à demander des noms à vos interlocuteurs habituels :

- soit en leur demandant de parler de vous à leurs confrères ;

- soit en leur demandant s'ils ne connaissent pas quelqu'un dans une entreprise nommée par vous, et le cas échéant, si vous pouvez vous recommander d'eux.

Nous ne vous rappellerons pas non plus, tant cela semble évident, de ne surtout pas oublier de placer dans votre portefeuille de prospects, pour les visiter sans délai :

- les professionnels qui ont demandé des renseignements sur les activités et les produits du fournisseur ;
- les visiteurs de l'exposition ou du salon professionnel qui ont laissé leur carte de visite ou l'empreinte de leur badge à votre stand (voir ci-dessus) ;
- les entreprises que vous avez contactées lors de ce même salon professionnel ;
- les entreprises que vous avez invitées à une démonstration ou à une conférence professionnelle ;
- etc.

PROSPECTER CHEZ LES CLIENTS ACQUIS

Prospecter les clients de l'entreprise peut sembler surprenant. Cependant, on observe bien souvent soit que tel client n'achète pas tous les produits de notre gamme alors qu'ils correspondent parfaitement à ses besoins, soit que notre entreprise travaille avec un département du client mais ignore ou n'arrive pas à s'introduire dans les autres départements pour lesquels elle dispose aussi de produits adaptés.

Il est important, client par client :

- soit de relever les produits qui ne sont pas achetés ;
- soit de croiser sur une matrice les produits vendus et les départements (voir page suivante).

Un tableau semblable permet également de faire apparaître la part des achats dans le département, et pour la famille de produits considérée, tenue par notre entreprise.

Matrice de pénétration chez les clients acquis

Entreprise G.F.	Département A	Département B	Département C	Département D
Ligne de produits M			Devraient convenir	
Ligne de produits N	Totalité des achats	À prospecter		À prospecter
Ligne de produits P	Part 25 %	Part 10 %	Achats irréguliers	À prospecter
Ligne de produits R	Part 10 %	Part 8 %	Quelques achats sporadiques	À prospecter
Ligne de produits S	À prospecter			À prospecter

RECONQUÉRIR LES CLIENTS PERDUS

Il n'existe pas à notre connaissance de vie commerciale sans perte de clients.

Pourquoi une entreprise perd-elle ses clients ?

Les causes sont multiples : meilleure proposition de la concurrence, déploiement d'un réseau et d'une méthode de relations plus efficace de la part de vos confrères, réactions émotionnelles entre deux personnes qui se sont mal adaptées l'une à l'autre, négligences diverses de l'entreprise (retards de livraison, livraisons non conformes, marchandises indisponibles « temporairement » en trop forte proportion par comparaison avec les autres fabricants ou grossistes, erreurs de facturation, avoirs qui tardent trop à être affectés au client, etc.).

Une entreprise peut aussi accepter, voire décider, de perdre volontairement certains clients : mauvais payeurs, conception éthique discutable (par exemple sollicitation de dessous de table pour conclure un contrat), chiffre d'affaires insuffisant, achats fractionnés occasionnant des coûts de livraison excessifs et non rentables.

La décision d'engager la reconquête d'un client perdu nécessite l'analyse préalable des causes de la perte de ce client. En général, la direction commerciale sélectionnera les clients perdus dont le chiffre d'affaires potentiel à reprendre est important et la rentabilité satisfaisante. Il convient ensuite de s'assurer que les mêmes causes ne produiront pas les mêmes effets et donc d'engager au préalable les actions correctrices : une plus grande rigueur dans le traitement des commandes et des factures, des stocks mieux gérés avec moins de produits indisponibles, le changement d'un représentant, de meilleures propositions tarifaires, une réorganisation du service après-vente.

La lettre de reconquête des clients perdus

Un de vos clients ne donne plus signe de vie depuis plusieurs mois. Les commandes n'arrivent plus. Interrogée, l'administration des ventes ne signale pas la moindre réclamation. Quand vous téléphonez, on « transmet » votre message à un interlocuteur « absent momentanément » ou « en conférence » qui « vous rappellera », mais ne le fait pas.

Attention ! ce client entre probablement en relation avec un de vos concurrents. Vous pouvez l'abandonner si vos clients sont trop nombreux. Mais pour peu que le potentiel de ce client soit estimé par vous important, vous ne vous résignez pas et repartez à l'offensive.

Pourquoi ne pas écrire, puisque ce client n'est pas joignable par téléphone ? Plutôt que d'envoyer un e-mail qui se fondra dans la masse des messages reçus par le destinataire, nous préférons aujourd'hui la lettre parce que cet écrit est devenu moins banal qu'il ne l'était il y a encore quelques années, et qu'elle permet un message plus soigné. Le destinataire accordera une meilleure attention à une lettre bien présentée, nous semble-t-il.

MODÈLE DE CANEVAS DE LETTRE

1. Le silence de votre client vous préoccupe. Une erreur ou une maladresse aurait-elle été commise à votre insu ? Un produit ou un service aurait-il été défaillant ?

2. Vous vous souciez de la qualité de la relation entre vous-même et chacun de vos clients. De même, la performance de vos produits et la satisfaction de vos clients sont au premier plan de vos préoccupations.

3. Vous invitez votre interlocuteur à se manifester en lui rappelant votre numéro de portable, ou s'il le préfère, vous lui suggérez de vous adresser, par télécopie ou par e.mail, un message, même manuscrit, indiquant par exemple quand vous avez la meilleure chance de le joindre.

4. Rappelez que vous vous sentiez personnellement engagé dans la relation avec ce client.

5. Achevez par une formule de politesse plutôt chaleureuse (sans en faire trop).

6. Comme les *nota bene* en fin de lettre sont toujours remarqués, annoncez une offre particulière pour essayer de faire « sortir le loup de sa tanière ».

Si votre lettre et votre ou vos tentatives de rappel sont sans effet, gardez le contact. Cet ancien client est redevenu un prospect. Inspirez-vous pour le suivre de ce qui est énoncé ci-après.

La tactique de reconquête des clients perdus

Se faire désirer

L'entreprise qui reprend la prospection auprès d'anciens clients engage ses démarches avec le handicap de celui qui a été battu, qui a été refusé (« viré »). Son représentant ne peut donc pas se comporter en solliciteur, en quémandeur. Ce serait se mettre en position de faiblesse. Tout au plus pourrait-il obtenir une aumône. Or, il s'agit d'effectuer le retour aux relations commerciales en entrant par la grande porte.

À cet effet, l'entreprise qui prospecte le client perdu doit savoir se faire *désirer*. Ainsi, à partir du jour où le renoncement à la collaboration a été signifié par le client, son fournisseur doit savoir créer un « intervalle de temps » suffisant pour laisser penser que son éviction a été compensée par d'autres activités, que l'ancien client n'était pas le seul client et n'était pas fondé à dicter des conditions excessives.

Puis, après un certain laps de temps, variable selon les métiers, mais souvent de l'ordre de deux ans, les travaux d'approche vont reprendre.

Pourquoi reprendre la relation avec les clients perdus ?

Dix à vingt mois suffisent pour que la situation change :

- votre entreprise s'est réorganisée, l'adhésion à la norme ISO 9000 a produit les effets escomptés, les titulaires de certaines fonctions ont changé, votre gamme de produits est rénovée, de nouveaux produits sont apparus ;
- chez votre ancien client, des changements de personnel ont également eu lieu, ses besoins ont évolué et les réponses des produits et des services de votre entreprise sont désormais mieux adaptées, le bilan de la collaboration avec le fournisseur qui, à l'époque, vous avait supplanté n'a pas la qualité de votre précédente collaboration, des erreurs ont été commises.

Dès le premier contact téléphonique, et bien entendu au cours du premier entretien, il ne s'agit pas d'évoquer avec des regrets le temps de la collaboration passée. Au contraire, il faut, pour le fournisseur, se présenter sous un jour nouveau : « Depuis deux ans, notre entreprise a connu une véritable mutation... Bien des choses ont évolué et c'est une entreprise nouvelle pour vous que je voudrais avoir le plaisir de vous présenter... Une page a été tournée, c'est vers l'avenir que nous devons nous orienter ensemble... Vous-même, je pense, devez être confronté à de nouvelles préoccupations et un échange à ce sujet devrait être fructueux pour vous... »

La suite de la rencontre est identique aux entretiens habituels de la prospection.

Et après ?

Si ce client perdu renoue avec votre entreprise, pour éviter une nouvelle succession d'erreurs, vous mettrez en place un dispositif spécial de suivi de l'ancien-nouveau client :

* peu de jours après la livraison, appel téléphonique de votre part pour vérifier que la livraison est bien conforme en quantité, qualité et délai ;
* un à trois mois après la mise en service du matériel, des produits ou des services livrés, évaluation de la satisfaction éprouvée par le client retrouvé ;
* et évidemment, réglage rapide des éventuels dysfonctionnements signalés.

À LA CONQUÊTE DES CLIENTS DE VOS CONCURRENTS

Certains prospects sont très attachés à leur fournisseur actuel, un de vos concurrents. Faut-il, dès lors, considérer la cause comme perdue, battre en retraite et abandonner toute relation avec prospect ? Non, car vous ne savez pas de quoi demain sera fait.

De même que votre entreprise et vous-même perdez des clients au profit de la concurrence, tout client de vos concurrents a vocation à relâcher, distendre, puis abandonner ses liens avec ses fournisseurs : erreurs et fautes commises, changement de titulaire qui veut imprimer sa marque et ses partenaires, moindre performance des produits et des services, autant de raisons pour changer de fournisseur.

Alors, en étant patient et persévérant, cette relation que vous avez commencée lors de votre ou vos premiers entretiens avec le prospect, si son potentiel le mérite, vous allez la poursuivre et l'entretenir.

Intéressez-vous à lui. Visitez-le deux fois par an. Collectez des informations lors de chaque visite. Apportez à votre tour des informations, en apparence désintéressées. Ainsi, vous serez présent le jour où il aura besoin d'un dépannage, d'une comparaison de performance et de prix.

En définitive, qu'il soit composé de clients nouveaux, des départements ou services nouveaux chez des clients acquis, ou de clients perdus à reconquérir, tout ce portefeuille de prospects va être géré selon les principes développés ci-après et dans les chapitres suivants.

PRENDRE EN COMPTE LE POTENTIEL ACCESSIBLE

Le critère de potentiel accessible

Nous rappelons notre définition du *potentiel accessible* : c'est, chez un client ou un prospect, la part de la place prise par la concurrence que votre entreprise peut conquérir dans un délai fixé en général entre un an et dix-huit mois[1].

La part que l'entreprise qui prospecte peut prendre à la concurrence est très variable d'un client à l'autre. Si chez certains on peut prétendre à s'emparer de la totalité, dans la plupart des cas, cette part est moyenne, voire réduite, ou nulle. On sait aussi que le potentiel accessible peut devenir négatif quand la position de l'entreprise régresse chez son client.

Reconnaître que le potentiel accessible est de faible ou de moyenne proportion chez certains clients ne résulte pas d'une acceptation passive de la concurrence, mais doit être justifié au même titre qu'un potentiel accessible estimé important.

---

1. Voir René Moulinier, L'efficacité du commercial, les *14 clés de la réussite*, chapitre 1er, Éditions d'Organisation, 4e édition, 2008.

Comment évaluer le potentiel accessible ?

Le potentiel accessible dépend d'abord, bien entendu, de l'importance du chiffre d'affaires total du prospect, ou, si l'on préfère, de l'importance du chiffre d'affaires réalisé par lui avec la concurrence.

Le potentiel accessible dépend ensuite de l'optique propre au prospect, quant au partage de ses approvisionnements entre un ou plusieurs fournisseurs.

L'expérience montre que l'un des moyens les plus efficaces pour se situer par rapport à ses concurrents, chez un client ou un prospect, est d'en parler avec lui. Ce thème de conversation débouche sur deux avantages :

- il est fait obligation au chargé de prospection d'évaluer son action et de se situer en permanence en termes *chiffrés* dans son apport de prospection ;
- vis-à-vis du client ou du prospect, c'est une façon d'aller au fond des choses et d'inciter l'interlocuteur à se prononcer, à prendre position.

Conséquences

Le seul critère des prospects recensés, repérés, contactés et travaillés ne suffit pas à rendre compte de l'intérêt de la prospection effectuée. Il faut encore situer chacun de ces prospects en fonction de l'importance *chiffrée* de son potentiel accessible. On débouche ainsi sur la notion de grands, moyens et petits prospects, que l'on gérera à l'instar des grands, moyens et petits clients.

On sait qu'un des principes d'action commerciale efficace consiste à proportionner son temps et ses activités en fonction du rendement espéré ou attendu de la part des clients et des prospects. En particulier, les fréquences de visite sont décidées notamment (mais pas exclusivement) en fonction de l'addition du chiffre d'affaires acquis et du potentiel accessible de chaque client ou prospect[1].

---

1. Voir *Optimiser vos visites commerciales*, René Moulinier, Éditions d'Organisation, 2000.

Le potentiel accessible s'apprécie en se fondant sur trois composantes : le marché, le client, votre entreprise.

Évaluation du potentiel accessible

Le marché	Le client	Votre entreprise
• Évolution des ventes et du marché du client	• Dynamisme du client (qualité du dirigeant, ses méthodes)	• Qualité de vos relations avec le réseau de prise de décision chez le client (les 5 Qui : décide, achète, utilise, paie, prescrit)
• Richesse vive du secteur géographique où il opère	• Moyens financiers dont il dispose pour financer son expansion (fonds de roulement servant de contrepartie à l'augmentation du stock)	• Adaptation de vos produits à sa demande et à la demande de sa région
• Dynamisme de sa propre concurrence	• Moyens matériels et humains à sa disposition (force de vente, surface de stockage disponible, informatique, service après-vente, équipements spéciaux, etc.)	• Vos actions publicitaires et promotionnelles (et notamment celles qui aident le client à vendre vos produits ou ses produits dans lesquels les vôtres s'intègrent)
	• Aspects particuliers (successeur si le dirigeant est âgé, etc.)	• Votre image
	• Part relative de vos produits dans son chiffre d'achats	• Tendance des ventes par famille de produits
		• Acceptabilité des nouveaux produits ou des produits récents plus porteurs d'avenir chez ce client

À quel niveau faut-il situer les seuils de chiffre d'affaires et de potentiel accessible qui permettent de qualifier un client ou un prospect d'*important*, de *moyen* ou de *petit* ? La réponse ne peut pas être universelle et dépend de chaque profession, et même de chaque secteur.

De plus, à l'intérieur d'un même secteur de vente d'un chargé de prospection, on sera plus ou moins exigeant en fonction de la plus ou moins forte densité d'implantation de l'entreprise sur telle ou telle zone du secteur de vente.

Là où l'entreprise détient un réseau dense de clients, les exigences pour s'intéresser à un prospect seront plus élevées que là où elle n'est que faiblement implantée.

Enfin, selon la puissance économique des départements (que l'on pense aux deux extrêmes, les Hauts-de-Seine et le Rhône, ou bien la Lozère, le Cantal ou la Corse), avec en général pour corollaire une plus ou moins grande pression de la concurrence, les critères de distinction entre grands, moyens et petits prospects, et de décision d'une cadence de visites à leur affecter, peuvent être variables.

Voici un exemple d'instruction aux chargés de prospection (page ci-contre).

LA PROSPECTION ET LE TABLEAU DE CLIENTÈLE DU SECTEUR DE VENTE

La prospection fait partie de l'exercice courant du métier de vendeur. C'est à cette optique que correspond le tableau qui permet à chaque représentant d'avoir sous les yeux une vue synthétique de son secteur de vente. On y recense successivement :

• les catégories de clients et de prospects ;

- des indications sur les seuils de chiffre d'affaires et de potentiel accessible qui déterminent les catégories ;
- le nombre de clients et prospects à suivre par catégorie ;
- les cadences de visites (en rythme annuel) ;
- le total de visites annuel pour suivre convenablement l'ensemble des clients et prospects.

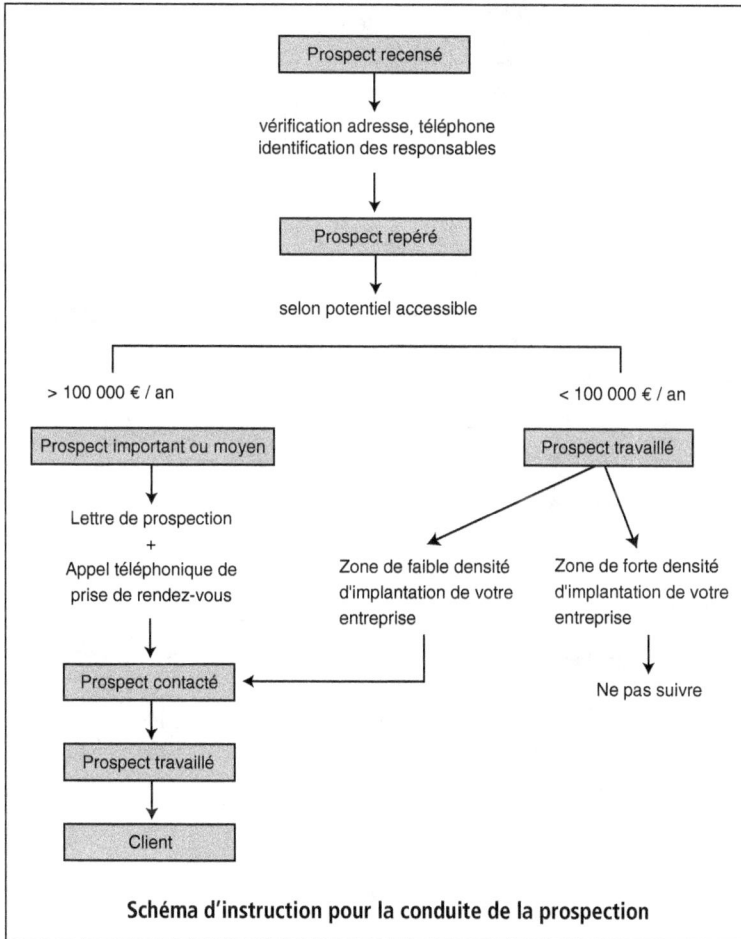

Schéma d'instruction pour la conduite de la prospection

(Un tel tableau permet d'ajuster le nombre de visites à assurer, au potentiel réel de visites du représentant[1]).

Tableau de clientèle du secteur de vente

Catégories	Chiffres d'affaires + potentiel accessible	Nombre de clients ou prospects	Cadence annuelle des visites	Total visites par an
Clients importants	> à … euros			
Prospects importants travaillés	> à … euros			
Clients moyens	entre … euros et … euros			
Prospects moyens travaillés	entre … euros et … euros			
Petits clients	< à… euros			
Prospects contactés				
Prospects repérés				

À partir des repères fournis par un tableau de ce type, le directeur des ventes peut espérer que la prospection ne restera pas l'éternel parent pauvre de l'action commerciale.

---

1. Voir *L'efficacité du commercial : les 14 clés de la réussite, op. cit.*

3

Premier contact avec le prospect : le message de prospection

Appeler un prospect au téléphone pour prendre rendez-vous, peut donner un excellent résultat si l'entreprise qui appelle est déjà très connue, par exemple parce qu'elle appartient au « gotha » des entreprises.

C'est le cas de certaines agences de publicité ou des plus grands noms cotés en bourse, pour ne pas parler des entreprises du secteur public.

La plupart du temps, celui qui prospecte est employé par une société plus ou moins connue de celui qu'il appelle. Il lui faut donc compenser la médiocre notoriété de son entreprise. Il peut choisir de s'expliquer au téléphone ; encore faut-il que son interlocuteur lui en laisse le temps et la possibilité, et ne sème pas son parcours de trop de barrages (standardistes, secrétaires).

Même si votre entreprise a un nom connu, en réalité, pour le prospect, elle est largement inconnue, et il se pose un grand nombre de questions pratiques pour le cas où il adhérerait à la solution qui lui est proposée : qualité réelle du produit présenté ? Satisfaction apportée au besoin spécifique de l'entreprise ? Relations avec le fournisseur ? Mise en place du produit ou du service ? Livraison ? Service après-vente ? Que se passera-t-il en cas de difficultés ? Etc.

Vous devez rassurer votre ou vos interlocuteurs. Il nous paraît tout à fait indiqué de faire précéder l'appel téléphonique par une « préparation psychologique ». Cette mission sera dévolue au message de prospection.

Pensez au couplage du message de prospection et de l'appel téléphonique de prise de rendez-vous.

TROIS VECTEURS POUR LE MESSAGE DE PROSPECTION

Pour diffuser un message de prospection, on a le choix entre trois vecteurs :

- le plus soigné par son aspect est encore la lettre sous enveloppe, adressée nominativement au destinataire;
- le fax, dont la reproduction en noir et blanc actuellement peut être médiocre ;
- l'e-mail, qui donne un air plus dynamique à l'approche mais nécessite un texte bref.

Il est présent à l'esprit de chacun que lettre, fax ou e-mail, le message entre en concurrence avec des centaines d'autres lettres, fax ou e-mails qui arrivent chaque jour dans l'entreprise que vous abordez. Et donc, que ledit message risque d'être mis au panier ou effacé sans avoir été soigneusement lu.

Pourtant, votre message peut attirer l'attention du destinataire et éveiller son intérêt.

Bien entendu, ce n'est pas en surchargeant l'enveloppe – s'il s'agit d'une lettre – de mentions « manuscrites » du genre « lettre personnelle de M. Jean-Louis Vaillant-Weiller », ni en la barbouillant de photos en couleurs ou d'« offres promotionnelles » que ladite lettre attirera l'attention. Ce n'est pas non plus en ayant recours aux pires excès de la publicité du milieu du vingtième siècle (« offre exceptionnelle », « plus qu'une semaine pour une affaire unique », « soyez l'un des privilégiés qui… », « Monsieur Tartemuche, ouvrez vite pour savoir si vous avez gagné… », etc.) que vos fax ou votre e-mail seront pris en considération.

Nous prescrivons plutôt un style sobre, dépouillé, clair, élégant. Le message doit faire partie des textes importants adressés à cette entreprise ou à cet interlocuteur de l'entreprise.

UNE LETTRE ET UNE CARTE DE VISITE

Si vous avez fait le choix classique du courrier adressé par voie postale, le message personnalisé peut, grâce au traitement de texte, donner l'impression qu'il a été rédigé spécialement pour le destinataire. Mais comme le procédé est connu, nous vous suggérons de joindre à votre envoi votre carte de visite sur laquelle vous écrirez quelques mots établissant le lien entre le texte de la lettre et son destinataire.

Cela ne vous demande pas un très grand effort, et vous permet d'annoncer votre appel téléphonique à un moment bien précis (en général trois à quatre jours après la mise à la poste du message).

COMMENT SE DÉTACHER DE LA COMPÉTITION DÈS LES PREMIÈRES PHRASES

Votre lettre ou votre fax a franchi le premier obstacle. L'assistante a placé ce message dans le parapheur de lecture de son destinataire. Mais sera-t-il lu ? Même enjeu pour l'e-mail.

Votre message gagne ou perd la partie par ses trois à cinq premières lignes. Si après cinq lignes, votre prospect décide de poursuivre la lecture jusqu'au bout, vous aurez surmonté un deuxième obstacle.

Pour gagner la partie, il faut que votre interlocuteur perçoive clairement :

- qu'il est concerné personnellement ;
- que cette lettre annonce pour lui un avantage attrayant ou, ce qui revient au même, la possibilité d'être débarrassé d'un inconvénient majeur.

SUR QUEL SUJET FAUT-IL BÂTIR LE MESSAGE DE PROSPECTION ?

Deux approches des prospects sont envisageables. L'approche par l'*entreprise* (approche institutionnelle) et l'approche par ses *produits*.

Il est difficile de donner une réponse universelle en faveur de l'une ou l'autre. La question qui se pose est celle de savoir ce qui est le plus attrayant pour vos clients actuels, et donc probablement pour vos prospects : Est-ce le contrôle rigoureux de la qualité des produits ? Un service après-vente rapide, dans le voisinage, disponible en toutes circonstances ? Une méthode de travail particulièrement originale ? L'attention constante portée aux préoccupations des clients et l'initiative de la recherche de solutions ? Le soutien que votre entreprise apporte aux affaires de ses clients ? La qualité des collaborateurs qui coopèrent avec les responsables des différents services des clients ?

Si ces aspects détachent votre entreprise de ses concurrents, ils ont une excellente qualité offensive. Si, en revanche, vos produits, vos services, se distinguent par leur caractère partiellement ou totalement exclusif, ce sont les solutions apportées par vos produits ou vos services qui serviront de fer de lance de la prospection.

LA CONCLUSION DU MESSAGE DE PROSPECTION

Quelle que soit la qualité du message de prospection, quel que soit l'intérêt que présentent votre entreprise, ses produits ou ses services pour l'interlocuteur, il est de moins en moins probable qu'il dicte une lettre à son assistante ou même qu'il décroche son téléphone pour vous appeler. Bien que cela se produise encore, il ne faut pas tabler sur ce résultat.

Aussi votre lettre va s'achever par l'annonce de ce que vous, chargé de prospection, allez faire pour faciliter la tâche du client : c'est-à-dire prendre des dispositions pour vous recevoir. C'est ce que l'on appelle l'*invitation à l'action*.

Inutile de souligner l'inefficacité de formules telles que :

- « Je me tiens à votre disposition pour... » (c'est bien la moindre des choses quand on s'occupe de prospection) ;
- « Un bref entretien... » (est-ce donc un sujet intéressant et important qui va être abordé si quelques minutes suffisent pour en faire le tour ? L'entretien devra nécessiter une durée normale) ;
- « Il vous suffit d'écrire, d'appeler... » (ne rêvons pas, peu de prospects aujourd'hui se manifestent d'eux-mêmes. Ils considèrent que la conduite de la démarche de prospection appartient principalement à celui qui en a pris l'initiative).

MÉTHODE DE CONSTRUCTION D'UNE LETTRE DE PROSPECTION

Objectif psychologique : Donner envie.

Cas d'une compagnie d'assurances qui propose un régime de prévoyance sociale aux entreprises pour leurs salariés

La définition de l'objectif

Le chargé de prospection s'interroge sur l'*objectif* qu'il poursuit réellement.

Ici, proposer à l'entreprise une *analyse gratuite* de sa situation en matière de prévoyance. Cette analyse est le « cheval de Troie » qui permettra au représentant d'entrer dans la place, et là, de se faire communiquer les régimes de prévoyance.

L'analyse des motivations

Avant de commencer sa rédaction, le chargé de prospection procède à une estimation des dispositions psychologiques (motivations) de la personne à qui il s'adresse (le responsable du personnel).

Certaines motivations sont *motrices*, d'autres sont des *freins*. Cependant, on peut tirer parti des motivations freins.

Analyse des motivations

Famille de motivations	Motivations motrices	Motivations freins
Sécurité	• Meilleur rendement à cotisations égales pour les salariés et pour les entreprises	• Peur d'être mis en accusation par la direction et par le personnel pour le surcoût des années antérieures • Éviter de faire des vagues
Orgueil	• Se faire valoir en prenant l'initiative	
Commodité Confort		• Éviter les complications • Changer, ça dérange
Sympathie	• Dispositions plus favorables	

© Groupe Eyrolles

Synthèse

Le chargé de prospection recense les réponses qu'il peut apporter au prospect, pour correspondre à ses motivations motrices et pour apaiser ses craintes.

Ce qui devrait le satisfaire :

- vous serez le moteur d'une amélioration (orgueil) ;
- dispositions favorables au personnel (sympathie) ;
- défense du pouvoir d'achat du personnel, meilleur emploi de ses cotisations (argent).

Ce qui va apaiser ses craintes :

- étude gratuite ;
- sérieux d'une compagnie d'assurances, notoirement connue.

Un message de prospection doit susciter l'envie de rencontrer celui qui écrit. Il ne faut donc pas dévoiler la solution dont l'exposé sera réservé à l'entretien de vente.

La qualité d'un message de prospection s'apprécie à son orientation délibérée vers le destinataire, vers les questions dont la solution ne le satisfait pas, vers ses problèmes mal résolus.

Si l'on compte l'emploi des « vous » (orientation vers le destinataire) et des « nous » (on lui parle de nous, de notre entreprise, de nos produits), on devrait obtenir la proportion de deux tiers de « vous » pour un tiers de « nous » ou un écart encore plus grand.

En conclusion, car le message de prospection est une démarche de vente, on n'oubliera pas l'invitation à l'action. C'est-à-dire ce qu'on demande au destinataire de faire (par exemple : appeler telle personne, à tel numéro de téléphone et tel numéro de poste, en précisant quel jour et de quelle heure à quelle heure l'appel peut être reçu).

L'invitation à l'action sera facilitée par l'annonce de votre prochaine initiative.

Dans vos lettres de prospection, parlez à votre interlocuteur de lui, de sa situation, de ce qui le préoccupe. Pas de vous, ni de vos produits.

Lettre commentée

Monsieur le directeur du personnel,

Notre expérience des régimes complémentaires de prévoyance habituellement proposés aux entreprises, nous a fait constater que dans de très nombreux cas leur rendement (rapport coût/prestation) n'est pas le meilleur.

On ne met pas ouvertement en cause la qualité du contrat auquel a déjà souscrit l'entreprise, mais on suscite une mise en question.

En effet, pour des garanties classiques, leur coût est souvent supérieur de 10 à 20 % à ce qu'il serait normal de verser.

Donc, charges excessives pour l'entreprise. Donc, cotisations excessives pour les salariés.

Si la flèche a atteint son but, insistances sur les conséquences fâcheuses d'un mauvais contrat.
De plus, le destinataire comprend à demimot que si une telle affaire s'ébruite, il risque d'avoir à affronter des reproches multiples.

Les nombreux responsables du personnel avec qui nous nous sommes entretenus de cette situation, ont apprécié les solutions intelligentes et pratiques que nous les avons aidés à mettre en place.

Heureusement voilà une solution qui semble bénéficier d'une large expérience.

Les personnels des entreprises clientes de « La Saintongeaise » se sont félicités de l'initiative prise par ces directeurs du personnel.

Il est suggéré que l'initiative est prise par le responsable du personnel et donne d'heureux résultats.

Un échange avec « La Saintongeaise », une des premières compagnies françaises dans le domaine de la prévoyance, vous permettra de situer votre régime actuel par rapport à ceux que nous avons étudiés.

Crédibilité de l'émetteur de la lettre.
On évite toujours soigneusement de critiquer la solution en place.

Bien entendu, malgré la qualité technique de cet échange, celui-ci est gratuit pour vous.

Nous vous téléphonerons dans quelques jours pour convenir d'un rendez-vous à ce sujet.	Invitation à l'action. L'initiateur de la demande cherche à faciliter son acceptation.
Nous vous prions….	

UTILISEZ LA FORCE ÉVOCATRICE DES MOTS POUR PROSPECTER AVEC EFFICACITÉ

Si vous voulez séduire, il faut que votre proposition ait le charme des idées neuves, de ce qui sort de la routine, de ce qui apporte le rêve. Faites tout ce qui est en votre pouvoir pour vous différencier de vos concurrents.

Le premier contact avec le prospect est le message de prospection :

- proposez-lui de jeter un « *regard nouveau* » sur son organisation et son fonctionnement ;
- promettez-lui que le temps qu'il passera avec vous sera un moment stimulant pour son esprit, et que même si vous n'engagez pas de relations d'affaires, il sera *fortement impressionné* par le caractère utile de l'entretien ;
- annoncez-lui une rencontre de *haut niveau* entre deux excellents *professionnels*, lui et vous.

Bien entendu, il est indispensable, que le contenu corresponde à la promesse. À vous de vous perfectionner.

RYTHME ET EFFICACITÉ RELATIVE DU MESSAGE

Bien souvent les messages sont émis indépendamment du service commercial et ne sont pas coordonnés en lieu et temps aux disponibilités de l'équipe commerciale. Il est indispensable de faire déclencher l'envoi des messages par chaque chargé de prospection pour être adapté à leur capacité de visites.

Même si nous sommes partisans d'une préparation de l'abordage du prospect par un message, il convient de n'accorder qu'une espérance relative dans l'efficacité du marketing direct. La visite d'un chargé de prospection, parce qu'elle établit un contact humain, est plus efficace.

4

Deuxième contact avec le prospect : l'appel téléphonique de prise de rendez-vous

POURQUOI PRENDRE RENDEZ-VOUS ?

Se présenter directement chez un prospect sans rendez-vous, a pour inconvénient de vous donner l'image d'un démarcheur qui contacte ses clients au hasard.

Prendre rendez-vous avec une entreprise témoigne :

• d'un choix ciblé ;

• d'une approche réfléchie et documentée (voir chapitre 11) ;

• d'une certaine considération pour votre interlocuteur, spéciale-ment s'il occupe un poste de responsabilité dans une entreprise importante.

Dans les relations d'entreprise à entreprise, nous préférons le principe du rendez-vous, ne serait-ce que pour éviter de « se casser le nez » parce que l'interlocuteur souhaité est absent. Cependant, la visite sans rendez-vous n'est pas toujours à écarter. En effet, quand un rendez-vous avec un client ou un prospect a été plus bref que ce que l'on avait prévu, on peut utiliser le temps disponible pour visiter une entreprise géogra-phiquement proche ; notamment, quand le rendez-vous précé-dent a eu lieu dans une grande zone d'activité ou une zone industrielle importante.

Le téléphone portable vous permet en outre de prendre un rendez- vous de proximité (« Je suis de passage dans votre zone industrielle. Votre responsable de la production est-il disponible ?

Pourrait-il me consacrer un quart d'heure dans les dix minutes qui viennent ? »).

Cette façon de faire atténue l'aspect de visite improvisée.

Au téléphone, vous ne « vendez » que le rendez-vous.

Quand on est un des fournisseurs réguliers d'un client, appeler au téléphone pour obtenir un rendez-vous est d'une extrême facilité. En revanche, la prise de rendez-vous par téléphone, dans le cadre de la prospection, s'apparente à une course d'obstacles. On croirait que, dans certaines entreprises, on se barde de défenses et de résistances pour décourager l'entrée d'un nouveau fournisseur.

Ces entreprises auraient-elles établi des liens inavouables avec leurs fournisseurs en place ? Évidemment non. Simplement, le vendeur qui prospecte change les habitudes ou contrevient aux règles de fonctionnement de l'entreprise prospectée.

LES DIFFICULTÉS DE LA PRISE DE RENDEZ-VOUS PAR TÉLÉPHONE

Ce qui rend la prise de rendez-vous difficile en prospection, tient à quelques difficultés classiques :

- celui qui appelle ne connaît pas le nom de la personne qui l'intéresse ;
- la standardiste et les assistantes ont reçu des consignes strictes de filtrage des appels, pour que la multiplication des sollicitations en provenance de l'extérieur de l'entreprise ne désorganise pas trop le travail de ses collaborateurs ;
- le chargé de prospection n'arrive pas à présenter succinctement et de façon attrayante l'objet de son appel ;
- le chargé de prospection se laisse désarçonner par les objections de principe (simples prétextes) qui lui sont opposées.

CONFIER L'APPEL TÉLÉPHONIQUE
À UN CENTRE D'APPELS ?

Un centre d'appels, appelé aussi centre de relation clients, est un service téléphonique spécialisé – propre à l'entreprise ou externalisé en temps partagé – chargé de répondre aux appels des clients et prospects, et également de lancer des campagnes de prises de rendez-vous.

C'est cette seconde activité que nous retenons ici.

Avec le développement des applications de l'électronique au téléphone, la notion de distance a été abolie. Le lieu d'où appelle un téléacteur n'a plus guère d'importance : on peut affirmer qu'il y a « proximité » même à plusieurs centaines de kilomètres. Ainsi, la question de savoir si le centre d'appels est dans ou hors l'entreprise n'a pas d'intérêt. En revanche, le choix entre l'appel par le commercial itinérant ou par une tierce personne ne peut pas être laissé au hasard. Chacune des formules a ses avantages et ses inconvénients.

Le centre d'appels économise le temps du chargé de prospection et lui permet d'être plus longtemps sur le terrain. Les appels en série peuvent être de bonne qualité si les téléacteurs sont bien formés. En revanche, ne seront retransmises aux chargés de prospection que des informations factuelles : nom de la personne à rencontrer, lieu, heure du rendez-vous.

Par ailleurs, les centres d'appels ont des difficultés quand ils ne sont pas dans l'incapacité de traiter des appels nécessitant une compétence technique élevée.

Confier l'appel de prise de rendez-vous au chargé de prospection permet à ce dernier de ressentir directement l'ambiance de l'entreprise qu'il aborde et de glaner des informations qualitatives utiles pour sa démarche. De plus, il peut avoir un premier accès direct à son interlocuteur. On sait bien cependant que cette activité est consommatrice de temps et qu'elle est rapidement considérée comme ingrate et lassante. C'est pourtant cette seconde solution qui continue à avoir notre préférence.

DU BON EMPLOI DU TÉLÉPHONE

Pour vos démarches de prospection, considérez que pour les relations commerciales entre professionnels, le téléphone n'est pas le meilleur outil de vente.

> N'utilisez le téléphone que pour prendre rendez-vous.

À cet effet, ayez le culte de la concision. Au cours de votre appel, il ne sera nullement question d'argumenter, et encore moins de répondre aux objections de fond. Explorer la situation du prospect, l'informer, lui faire une proposition, argumenter, apaiser ses craintes, sont autant d'incitations à le rencontrer.

La formule idéale sera : « C'est justement la raison pour laquelle je souhaite vous rencontrer… » Il faut que le ton de votre voix, les mots que vous employez signifient à ce prospect qui ne vous connaît pas que :

- vous vous intéressez réellement à lui ;
- vous allez vous différencier de tous les solliciteurs qui se présentent pour le rencontrer ;
- le temps qu'il va investir pour vous recevoir ne sera pas un temps perdu pour lui ;
- vous êtes chaleureux et sympathique, et de plus un bon professionnel.

Alors, bannissez les formules apprises par cœur et récitées (vous vous disqualifiez dès les premières secondes), les formules obséquieuses et la flagornerie (que diable, vous n'êtes pas un larbin !), les formules éculées (« Je voudrais parler d'urgence à M. Martin, c'est personnel, j'ai une offre exceptionnelle à lui proposer », etc.).

La prise de rendez-vous par téléphone en prospection ne peut pas être l'objet de la moindre improvisation. Une préparation rigoureuse s'impose. C'est cette préparation qui permet d'être à l'aise, sûr de soi, souple, courtois, attentif au moindre propos de l'interlocuteur; c'est l'attitude ainsi décrite qui donne à la démarche de prospection un aspect de force et de sérénité qui impressionne et est ressenti favorablement par les différents interlocuteurs téléphoniques.

Il est donc tout à fait déconseillé de téléphoner avec votre portable pendant que vous conduisez. Au minimum – et c'est d'ailleurs l'exigence réglementaire –, arrêtez-vous et téléphonez depuis une aire de repos.

Mais il faut trouver une solution aux difficultés de la prise de rendez-vous par téléphone.

COMMENT APPRENDRE LE NOM DE L'INTERLOCUTEUR À RENCONTRER ?

Quelle est la fonction de celui qui va décider d'engager une coopération avec votre entreprise ? On ne le sait pas toujours, certaines décisions étant selon les entreprises, par exemple attribuées au chef comptable, au directeur administratif, au directeur financier, au secrétaire général, et parfois à un cadre spécialisé. Comment s'appelle celui qu'il vous intéresse de rencontrer ?

Le plus simple est évidemment de le demander aimablement à la standardiste. Ici, le sourire est de rigueur (on sait que le sourire *s'entend* au téléphone). La formulation de la demande est simple :

- *« Ici Julien Savignon de la Société des Lubrifiants industriels. Comment s'appelle le responsable des services d'entretien, s'il vous plaît ? »*

- *« Monsieur Lardennais. »*

- *« Pouvez-vous me préciser sa fonction ? »*

- *« Il est ingénieur d'entretien je crois. »*

> *- « Je vous remercie. Pouvez-vous me passer*
> *M. Lardennais ? »*

Question simple. Réponse obtenue facilement. Nous trouvons cette situation dans plus des trois quarts des cas.

Cependant, notamment dans les grandes entreprises, des instructions sont données à la standardiste pour ne pas fournir de renseignements au premier venu. Pour prévenir un échec, vous pouvez avoir recours à plusieurs habiletés.

Demandez conseil à la standardiste

Demander conseil à quelqu'un, c'est lui reconnaître une compétence.

Demander conseil à quelqu'un est ressenti comme une demande *valorisante*. Pourquoi alors ne pas adopter une telle formulation ?

> *- « Bonjour, Mademoiselle (sourire), ici Pierre Besançon de la*
> *Société de Logiciels et d'Information. Ma société souhaite*
> *engager des relations d'affaires avec la vôtre. Qui me con-*
> *seillez-vous de rencontrer pour parler des programmes*
> *informatiques ? »*

Dans ce cas, soit la standardiste vous donne l'information, soit elle se renseigne ou vous passe une assistante ou un collaborateur qui jouera le même rôle de fournisseur d'information.

Annoncez l'organisation d'une réception

Il est difficile de s'opposer à une aimable invitation des directeurs du marketing ou des directeurs généraux à un cocktail. Cela sent un peu l'astuce, mais le procédé se montre efficace.

Prêchez le faux pour savoir le vrai

Vous annoncez à la standardiste que l'« on vous a demandé d'appeler Monsieur... mais son nom n'est pas écrit de façon lisible sur la fiche que vous avez sous les yeux... Vous lisez Duvernois ou Anversois, ou... »

- *« Ce n'est pas Monsieur Arcinski que vous voulez dire ? »*
- *« Oui, ça doit être ça. C'était bien mal écrit. »*
- *« En effet. »*
- *« Pouvez-vous me passer Monsieur Arcinski, s'il vous plaît ? »*

Ce procédé peut prêter à rire. C'est pourtant à cette famille de formulations que se rattachent les questions suivantes :

- *« C'est bien votre secrétaire général qui s'occupe de... ? »*
- *« Chez mes clients, le choix de... est en général attribué à ... Est-ce la même chose chez vous ? Comment s'appelle cette personne ? »*

LE BARRAGE DE L'ASSISTANTE

S'en faire une alliée

Si la multiplication des postes d'appel direct et des téléphones portables a diminué le transit des appels extérieurs par la standardiste ou l'assistante, le barrage existe encore. À cet effet, voici quelques conseils de comportement :

- vous aurez toujours besoin de l'appui de l'assistante. Aussi ne la traitez pas comme une « charnière » de transmission, mais comme une collaboratrice de haut niveau, qui attend de vous, correspondant inconnu, un minimum de considération ;
- présentez-vous à elle ;
- l'assistante fait son travail en filtrant les appels. Elle a reçu des instructions qu'elle applique. Ne vous insurgez pas. Soyez courtois (ton de la voix), aimable (et souriant) et même félicitez-la ;

- si elle vous demande l'objet de votre appel, répondez avec simplicité ;
- si vous le pouvez, demandez-lui son nom et demandez-la personnellement lors des appels suivants ;
- si elle vous donne son nom, elle s'engage implicitement à informer son patron de votre appel ou sur la qualité des renseignements fournis ;
- faites-vous conseiller par elle sur le moment opportun pour joindre son patron, sur ses habitudes, sur le mode de fonctionnement de son entreprise ;
- confiez-lui un message clair et simple, des éléments solides, en lui expliquant brièvement le contexte de la question. Elle appréciera d'être prise pour une personne intelligente (et pourquoi ne le serait-elle pas ?).

Bref, faites ce qui est en votre pouvoir pour la ranger de votre côté. Les questions qu'elle va poser ne sont pas nécessairement des obstacles mais risquent de le devenir si vous n'êtes pas prêt à y répondre avec naturel.

Répondre à ses questions

« C'est de la part de qui ? »

Normalement, cette question ne devrait pas vous être posée. En effet, dès l'établissement de la communication avec l'assistante de votre interlocuteur, vous avez demandé avec le sourire et beaucoup d'aplomb, ce qui suggère que vous êtes déjà connu de votre interlocuteur et en relation d'affaires avec lui :

- *« Ici Georges Grossmann, directeur de clientèle de la Compagnie européenne d'approvisionnements. Voulez-vous me passer Monsieur Berquin, s'il vous plaît ? »*

MONSIEUR GROSSMANN OU GEORGES GROSSMANN ?

- Présentez-vous en annonçant votre prénom et votre nom, pour donner à votre présentation un ton plus personnel. L'assistante pensera peut-être que vous êtes un ami ou une amie de votre interlocuteur (et vous demandera alors : « C'est personnel ? » Nous répondrons à cette question ci-après).

- Évitez soigneusement de dire de vous, « Monsieur Grossmann » : cette expression est vieillotte.

- Évitez de la même manière d'inverser vos prénom et nom, et de dire, « Grossmann Georges » : vous donneriez l'impression de n'être qu'une fiche d'état civil sans personnalité.

« C'est personnel ? »

La réponse est nette : on ne répondra jamais « oui » en démarche d'affaires.

« C'est à quel sujet ? »

Le chargé de prospection, peut-être agacé par cette question, est tenté de faire sentir que celle-ci ne regarde pas l'assistante. Bien entendu, vous éviterez de vous impatienter. Au contraire, fournissez une explication : l'informer c'est lui accorder une certaine considération.

Il n'est pas indispensable de tout dire. Vous pouvez malicieusement fournir une explication formulée en termes techniques qui se traduira par un « Je vois » un peu décontenancé, mais qui provoquera de sa part la consultation rapide de son patron.

En tout état de cause, si l'assistante pose la question de savoir quel est l'objet de l'appel, elle se met en situation d'avoir à vous rendre compte de la position que prendra son patron à ce sujet. En définitive, cette question n'est pas véritablement un handicap.

On peut répondre à « C'est à quel sujet ? » de plusieurs façons :

1. Mise en valeur du thème :

    - « *Dans le cadre de la politique commerciale de votre société...* »

2. S'appuyer sur la lettre de prospection dont l'envoi a précédé de votre appel :

    - « *J'ai écrit à Monsieur Lardennais la semaine dernière...* »

On soulignera ici que l'envoi préalable d'une lettre évite l'obstacle classique :

- « *Écrivez-lui.* »

3. Réponse « technique » ou recherche d'un « flou artistique » :

- « *Le schéma de déroulement de la première phase de la procédure est à débattre entre nous...* »

4. Vérification du domaine de compétence de l'interlocuteur recherché auprès de l'assistante :

- « *La question des contrôles de pression des fluides est bien du ressort de Monsieur Lardennais ?* »

5. Appui sur une relation commune de votre interlocuteur et de vous-même. Dans ce cas, le nom de cette relation commune peut être connu de l'assistante et être un véritable « sésame »

- « *Monsieur Berthelot m'a demandé de rencontrer Monsieur Lardennais...* »

Contournez ses réponses

- « *Monsieur Lardennais est absent... en conférence... au téléphone...* »

Est-ce une situation réelle ? Est-on en présence d'une défense ? Il faut partir du principe que cette réponse est sincère. L'assistante ne peut pas alors refuser de répondre à une question formulée habilement :

- « *Oui... Pouvez-vous me dire à quel moment Monsieur Lardennais est disponible ?... en début de matinée ?... en fin d'après-midi ?* »

Et selon l'indication reçue, vous la rappelez en précisant :

- « *Vous m'avez conseillé d'appeler Monsieur Lardennais en fin de journée. Est-il disponible ?* »

LE REFUS D'ENGAGER LE DIALOGUE

Bien qu'un commercial abordant une entreprise soit un apporteur d'idées nouvelles, on a souvent l'impression que tout inconnu qui demande à rencontrer une personne dans une société est un gêneur, un imposteur qu'il faut éconduire sans même lui avoir prêté une minute d'attention.

Et le chargé de prospection s'entend répondre :

- *« Ça ne l'intéresse pas »*, *« Ça ne m'intéresse pas. »*
- *« J'ai trop de stock. »*
- *« Je n'ai besoin de rien. »*
- *« Nous avons déjà nos fournisseurs. »*
- *« Je n'ai pas le temps. »*
- *« Ce n'est pas le moment. »*

Il faut observer que les trois premières objections sont le signe, pour celui qui les émet, d'un refus d'information, ou du soin qu'il met à rester paresseusement dans son coin sans être troublé par des idées nouvelles, ou encore d'une sorte de protection complice des fournisseurs en place.

Le chargé de prospection va traiter ces objections en s'étonnant en lui-même d'un tel refus d'engager le dialogue. Pour ne pas créer de situation d'affrontement qui le conduirait à l'échec, il va gentiment demander à son interlocuteur de lui expliquer pourquoi il émet un refus (il procède par effritement ou par transformation[1].)

---

1. Lire à ce sujet de René Moulinier *Les techniques de la vente*, Eyrolles, 7ᵉ édition revue et augmentée, 2009, et *L'essentiel de la vente*, Chiron, 2005.

« Ça ne m'intéresse pas »

Premier traitement de l'objection

- « *Qu'est-ce qui ne vous intéresse pas ?* » (effritement)

Et, en fonction de la réponse fournie, le chargé de prospection va faire constater que pour aborder complètement et utilement un tel sujet, le téléphone n'est pas le moyen adéquat ; il faut prendre rendez-vous.

Second traitement de l'objection

- « *Voulez-vous dire que cette question n'est pas de votre ressort (responsabilité, compétence) ? Pouvez-vous me dire qui est concerné dans votre entreprise ?* »

Soit on obtient une dénégation : c'est bien votre interlocuteur que cette question concerne, et vous tentez de convenir d'un rendez-vous.

Soit on vous indique le nom et la fonction d'une autre personne que vous appellerez en disant :

- « *Monsieur Berquin m'a prié de me mettre en rapport avec vous au sujet de… Pouvons-nous convenir d'un rendez-vous ?* »

Ainsi l'interlocuteur précédent est-il utilisé comme relation commune favorisant le premier contact.

« Je n'ai besoin de rien »

Toute entreprise vit et se développe grâce notamment à ses fournisseurs extérieurs de produits, d'équipements, d'installations, de services. S'entendre répondre que l'« on n'a besoin de rien » ne peut être dû qu'à une situation momentanée. Ici, le chargé de prospection va procéder par reformulation-transformation[1].

---

1. Lire à ce sujet de René Moulinier, *Les techniques de la vente op. cit.* et *L'essentiel de la vente*, Chiron, 2005.

- « *Je comprends qu'actuellement vous n'êtes pas acheteur. Pouvez-vous me préciser à quel moment vous réfléchirez à vos achats pour l'année prochaine, de façon à établir un contact utile ?* »

Tous ces traitements de l'objection ont pour but de pousser l'interlocuteur dans ses retranchements. Il s'agit en somme de démasquer des objections de principe, superficielles, pour connaître ou essayer de connaître les raisons réelles du refus.

« Nous avons déjà nos fournisseurs »

Cette réplique est logique. Elle est souvent complétée par :

- « *Nous sommes satisfaits de nos fournisseurs.* »

Cependant, nul n'est parfait, et votre propre entreprise le sait bien qui perd parfois des clients. Ce qui nous arrive peut se produire en sens inverse, à condition toutefois de faire valoir les avantages supérieurs de ce que nous pourrions proposer. Ceci sera induit d'une argumentation. Le chargé de prospection fera valoir qu'il est toujours utile de comparer. Voilà la réponse qui peut être envisagée :

- « *Il est évident que vous n'avez pas attendu mon appel pour trouver des fournisseurs, et si je vous entends bien, d'excellents fournisseurs dont vous appréciez la collaboration avec votre entreprise.*

- « *Cependant connaissez-vous notre approche particulière du plan d'approvisionnement ?* »

- « *Non, pouvez-vous m'en parler ?* »

- « *Je serais plus explicite en vous rencontrant, même rapidement. C'est pourquoi je souhaite prendre rendez-vous...* »

Le second groupe d'objections recensées ci-dessous peuvent être réelles ou des prétextes, c'est-à-dire la dissimulation d'une autre raison. Dans tous les cas, on procédera par reformulation-transformation.

« J'ai trop de stock »

- *« Et donc vous différez pour le moment vos achats. Vous pensez que vous serez de nouveau à la recherche de fournitures vers quelle date ?… je reprendrai donc contact avec vous à ce moment-là. »*

Et le moment venu, vous rappelez en disant :

- *« Vous m'avez conseillé de reprendre contact avec vous vers le 15 novembre… »*

« Je n'ai pas le temps »

Pas le temps aujourd'hui, certes, mais un peu plus tard ?

- *« Je me doute que vos fonctions vous procurent une importante charge de travail. C'est précisément pour ne pas vous désorganiser que je prends rendez-vous avec vous… »*

« Ce n'est pas le moment »

Cette objection est analogue à celle de l'excédent de stock.

- *« À quel moment me conseillez-vous de vous rappeler ? »*

À la date fixée, vous appelez de nouveau :

- *« Vous m'avez demandé de vous rappeler au début du mois de mars. »*

On observera que l'interprétation permet de transformer un refus en une possibilité d'acceptation, et que l'on emploie les ressources du langage pour laisser croire à l'interlocuteur qu'il a été engageant à notre égard.

Face aux différents barrages, au téléphone, n'oubliez pas de répondre, avec le sourire, pour éviter tout risque d'affrontement : « Oui », « je comprends », « je partage votre point de vue », « d'accord », « bien sûr » ou toute autre expression qui exprime de votre part le souci, de trouver un terrain d'entente.

« Écrivez-nous, envoyez-nous votre documentation »

Cette réplique est classique. C'est pour l'éviter ou la neutraliser que nous préconisons l'envoi préalable d'un message de prospection. Mais tout ne peut pas être traité par correspondance et c'est précisément pour cela que vous prenez rendez-vous.

L'envoi préalable d'un message permet au chargé de prospection de manœuvrer en ayant l'initiative. Il a écrit. Il a évoqué un problème, une préoccupation en des termes qui ne peuvent pas laisser indifférent. Qu'en pense donc son interlocuteur ? Le barrage de l'assistante est fragile face à cette interrogation. Et le prospecteur a de fortes chances d'être mis en rapport directement avec son interlocuteur pour fixer une date, une heure, et un lieu de rendez-vous.

SI VOUS PASSEZ PAR LÀ...

Quand le territoire à prospecter est vaste géographiquement – ce peut être d'ailleurs la totalité de la France –, lors de la prise de rendez-vous, on entend certains clients dire :

- *« Ne vous dérangez pas spécialement... venez me voir si vous passez près de notre usine. »*

Ceci signifie que le prospect, s'il veut bien vous recevoir, n'est pas *a priori* très intéressé. Nous proposons de ne pas accepter un tel rendez-vous sans engagement, au plutôt de sonder au téléphone l'interlocuteur sur ses intentions, en lui précisant :

- *« J'ai au contraire l'intention de venir spécialement vous rendre visite. »*

Selon la nature de la réponse qui lui sera faite (« À vos risques et périls », ou bien « Je préfère alors que vous veniez au printemps prochain, j'y verrai plus clair », etc.), le chargé de prospection pourra mieux évaluer l'intérêt que le prospect lui porte, et décider s'il convient d'effectuer ou non cette visite.

POUR FAIRE ACCEPTER LE RENDEZ-VOUS

Il ne suffit pas de savoir sauter les obstacles signalés ci-dessus pour obtenir un rendez-vous. Il faut encore susciter l'intérêt de votre interlocuteur.

Pour aiguiser sa curiosité vous allez :

- lui *montrer* une nouveauté ;
- lui faire *essayer*, *déguster* un échantillon ;
- *l'aider* à résoudre une difficulté, à progresser, à diminuer ses charges.

Il est en outre important de proposer pour le rendez-vous, une date et une heure précises. Dès lors, votre interlocuteur risque de déplacer sa réflexion de l'intérêt de la rencontre vers la possibilité d'être disponible à ce moment-là. Cette manière de faire induit que l'utilité de la rencontre est indiscutable, et qu'il ne reste à régler que des questions de jour et d'heure.

Il est de même recommandé, si l'on vous propose de différer le rendez-vous d'un mois, de faire préciser tout de suite le jour et l'heure. Par précaution, laissez à l'interlocuteur l'impression d'être libre en demandant de noter à côté de votre nom, votre numéro de téléphone « en cas d'événement fortuit l'obligeant à déplacer la date du rendez-vous. »

5

Quel concurrent allez-vous rencontrer dans la place ?

Un chargé de prospection a ceci de commun avec un parachutiste dont la mission est d'établir une tête de pont pour permettre aux forces armées de débarquer ou d'avancer, qu'il arrive sur un terrain assez mal connu et qui peut réserver des surprises souvent désagréables.

Pour atténuer l'effet de surprise, le parachutiste reçoit un entraînement rigoureux qui lui apprend à maîtriser par réflexe le plus de situations possible. Il ne faut pas non plus oublier le patient travail de recueil d'informations des services de renseignements infiltrés derrière les lignes de l'adversaire.

Se rendre pour un représentant chez un prospect, sans avoir une connaissance précise des points forts et des points faibles des produits concurrents, revient à renvoyer un bataillon de parachutistes sur un champ de mines. C'est une situation plus répandue qu'on ne le croit ; nous sommes sidérés de la grande méconnaissance de la plupart des forces de vente, des forces et des faiblesses objectivement mesurées de leurs concurrents et de leurs produits.

POURQUOI CONNAÎTRE SES CONCURRENTS ?

La connaissance de la concurrence présente pour tout commercial un certain nombre d'avantages :

- il ne risque pas de s'illusionner sur une prétendue supériorité absolue de son produit ;

- *a contrario* (mais c'est le pendant du même phénomène), il évitera de se sentir écrasé par une soi-disant qualité irréprochable de son ou de ses concurrents ;
- chez le prospect, il pourra manœuvrer, en évitant les difficultés nées de ses points faibles (ou quand il ne pourra pas esquiver le débat, il aura préparé les réponses aux objections), et en se plaçant sur le terrain favorable, en faisant réfléchir son interlocuteur sur les avantages pour lui, issus des supériorités de son produit.

COMMENT RECONNAÎTRE SES CONCURRENTS ?

Si le recueil d'informations sur les produits et les stratégies de la concurrence appartient aux responsables du marketing, la force de vente ne doit pas oublier que chaque client rencontré est un *informateur potentiel sur la concurrence.* Encore faut-il songer à en faire parler ses clients. Encore faut-il écouter et noter ce qui se dit de la concurrence. La direction des ventes s'attachera à favoriser la mise en commun de l'information ainsi collectée sur les produits concurrents.

ANALYSER SES POINTS FORTS/POINTS FAIBLES VIS-À-VIS DE CHACUN DE SES CONCURRENTS

Pour que cette collecte d'informations soit parlante, il faut l'organiser. À cet effet, nous proposons un dispositif (voir tableau ci-après) par lequel le produit de l'entreprise est opposé successivement à chacun de ses concurrents, et non pas à l'ensemble.

Pourquoi un tel dispositif ? Tout simplement parce que le prospect n'effectue pas (comme le ferait un laboratoire d'analyse de produits) une comparaison exhaustive de tous les produits. Ce prospect connaît bien un, voire deux, rarement trois produits.

Ce qui va lui être dit de notre produit, il l'opposera à ce qu'il sait du produit principal qu'il utilise ou achète. En pratique donc, chez un prospect ou un client, notre produit est comparé – en combat singulier – à un seul produit, ou à deux produits successivement. De là, la présentation adoptée.

Il importe que la comparaison entre les produits s'effectue sur des FAITS, et non sur de vagues impressions.

En général, lors de la première tentative de réalisation d'un tel tableau, on constate une grande méconnaissance factuelle des produits concurrents. Ce qui suscite alors une vaste enquête de recueil d'informations sur les concurrents les plus actifs

La colonne « résultat » qui indique + = –, ou signale les points forts de notre produit (+), ses points faibles (–), et ceux sur lesquels il fait jeu égal avec le produit concurrent (=). Le signe (?) indique que l'information n'est pas connue.

Analyse points forts/points faibles Blanchisserie de France contre concurrents

CARACTÉRISTIQUES	Blanchisserie de France	Élysée-Blanc	Résultat	Blanchisserie parisienne	Résultat	BLN	Résultat
PRIX							
Tarif	Strict	Plus souple	–	Assez simple	–	Très souple	–
Caution	Exceptionnelle	Sté de plus de 25 personnes	+	Non	=	Non	=
Rapport qualité du produit/ prix	Bon	Bon	=	Excellent	S	Bon	=
Rapport qualité du service/prix	Moyen	Très moyen	+	Très bon	–	Bon	=
Rapport personnalisation/prix	Bon	Non	+	Non	+	Oui	=
SOCIÉTÉ							
Notoriété	Un peu connue	Très connue	–	Très connue	–	Inconnue	+
Image	À visage humain	Anonymat	+	Anonymat	+	À visage humain	–
Structure	Légère et suffisante	Lourde	+	Lourde	+	Légère	–
Standardiste	Moyenne	Moyenne	=	Moyenne	=	?	?
Facturation	Précise, non détaillée	Précise, non détaillée	=	Précise et détaillée	–	À la pièce	–
Grèves	Non	Parfois	+	Nombreuses et gênantes	+	Oui	+

Analyse points forts/points faibles Blanchisserie de France contre concurrents

CARACTÉRISTIQUES	Blanchisserie de France	Élysée-Blanc	Résultat	Blanchisserie parisienne	Résultat	BLN	Résultat
QUALITÉ DU SERVICE VÊTEMENT DE TRAVAIL							
Lavage	Moyen	Moyen	=	Très bon	–	Moyen	=
Entretien, réparations	Moyen	Très moyen	=	Correct	–	Normal	–
Conformité livraison	Moyenne	Moyenne	=	Moyenne	=	Bonne	=
Collection vêtement de travail	Très étoffée	Moins riche	+	Assez pauvre	+	Limitée	+
Réforme	Parcimonieuse	Parcimonieuse	=	Parcimonieuse	=	Parcimonieuse	=
Échanges	Corrects	Corrects	=	Rigides	+	Bons	=
Personnalisation du vêtement de travail	Oui	Non	+	Non	+	Non	+
Logo	Oui, voulu	Oui, mais…	+	Non	+	Oui	=
Vêtements à usage exceptionnel	Non	Non	=	Oui, un peu	–	?	?
Coloris	Suffisants et élégants	Moins variés	+	Moins variés	+	Limité	+
Hors tailles	Oui	Oui	=	Non	+	Oui	=
Prise de taille	Très efficace	Non	+	Non	+	Oui	=
Durée de contrat	1 an	2 ans	+	Pas de contrat	–	Facultatif 3 ans	–/+
Préavis	6 mois	3 mois	–	2 mois	–	2 mois	–
Règlement	Plus souple	Rigide	+	Rigide	+	?	?

Attention : en raison de son aspect de tableau résumé, cette analyse manque des nuances indispensables que vous ne manquerez pas d'apporter.

QUELLE ATTITUDE ADOPTER ENVERS LA CONCURRENCE ?

Vous avez sans doute observé que chaque fois qu'on critique le choix d'une personne, elle a tendance, pour se justifier, à défendre les raisons qui l'ont conduite à ce choix.

Critiquer un confrère, outre que cela ne vous donne pas le beau rôle aux yeux de votre interlocuteur, revient à renforcer la position de ce concurrent chez votre prospect, même s'il est prêt à vous suivre dans la critique, simplement parce que vous vous y êtes mal pris.

Quand un fournisseur est déjà en place – et quand on prospecte, on se trouve bien souvent dans ce cas –, adoptez plutôt un langage de considération à l'égard de ce concurrent :

- « *C'est un excellent confrère.* »

En vous exprimant ainsi, vous n'indiquez pas que vous vous placez dans le sillage et à bonne distance du concurrent, mais vous le désignez comme un adversaire valeureux au même titre que vous-même.

Le prospect, lui, après un instant d'étonnement (il a tellement entendu de maladroits critiquer la concurrence en croyant bien agir) se sent beaucoup plus à l'aise comme soulagé – loin de critiquer le choix qu'il a fait, vous semblez l'apprécier. Ce qui vous met en bonne position pour le faire parler de ce qu'il apprécie chez ce fournisseur. Vous récoltez ainsi une excellente moisson d'arguments pour soutenir votre propre produit.

De plus, s'étant ainsi « justifié », votre interlocuteur pourra, objectivement, regretter quelques points faibles, quelques insuffisances chez votre confrère. Espérons que vous n'avez pas les mêmes, ce qui vous permettra de faire valoir encore mieux les mérites de la solution que vous venez de lui présenter.

6

Voulez-vous réussir ?
Soignez votre apparence

On ne prête qu'aux riches. Seuls les êtres désirables suscitent le désir. Il n'est donc pas superflu de s'interroger sur ce qui permet au chargé de prospection d'être perçu *favorablement* par son interlocuteur lors de leur première rencontre.

Ne nous berçons pas trop d'illusions. Le prospect qui vous reçoit ne vous attend pas du tout. Il est accaparé par le travail en cours, peut- être par des soucis.

Certains prospects ont peur d'être dérangés et de perdre leur temps. Et si certains sont curieux ou simplement ouverts à la nouveauté et disponibles, ils ne sont pas la majorité.

C'est avec l'état d'esprit que nous décrivons au chapitre suivant que le prospect vous reçoit. Au premier coup d'œil, il vous juge, et instantanément affluent en lui toutes sortes d'appréciations, dont la plupart (qu'elles soient favorables ou défavorables) sont probablement erronées.

Une chose est essentielle pour votre interlocuteur, c'est votre compétence et ce qui en découle, l'utilité de votre visite pour lui.

Que faire pour développer une perception immédiate favorable ? Peut- on maîtriser et utiliser à son profit l'impression que l'on communique aux autres ? Est-il d'ailleurs important de s'interroger à ce sujet ?[1]

---

1. Consulter à ce sujet le chapitre 10 de *L'essentiel de la vente* (*op. cit*).

DE L'*ÉTHÔS* À L'APPARENCE

La préoccupation de l'apparence aussi actuelle qu'elle paraisse, n'est, après tout, pas si nouvelle. Nous redécouvrons une notion qui a vingt-cinq siècles d'ancienneté puisqu'elle était en faveur chez les Grecs du siècle de Périclès et des siècles postérieurs. Les orateurs – et ils étaient nombreux à s'exprimer sur l'Agora – pensaient que leurs discours seraient favorablement reçus par leur auditoire s'ils prêtaient une attention aiguë à la logique des propos (*logôs*), à l'appel aux sentiments (*pathôs*) et à l'image que se donnait l'orateur par son comportement, par ses mœurs, en quelque sorte par son *statut* (*éthôs*).

Quelles seraient aujourd'hui les composantes de l'*éthôs*, ou en termes plus actuels, de l'apparence du chargé de prospection ? On pourrait traduire cette interrogation par : quel *regard* porte-t-on sur vous ? Quel est votre *aspect* ? Quelle *image* ce regard et cette apparence induisent-ils ?

Au-delà du constat qu'appellent les réponses à ces questions, ne serait-il pas utile de définir comment devrait être perçu d'emblée le chargé de prospection pendant les premières secondes de sa rencontre avec le prospect ?

Loin de nous, en tentant d'esquisser ce portrait, l'idée de normaliser cette apparence. Il s'agit davantage ici de donner quelques conseils pour rendre l'apparence aussi favorable que possible, c'est-à-dire de suggérer quelques touches pour améliorer le comportement, sans aucune incidence évidemment sur le fondement de la personnalité, c'est-à-dire le caractère[1].

---

1. Les réflexions relatives aux aspects favorables du caractère sont exposées au chapitre 19.

NEUTRALISER LES PERCEPTIONS NÉGATIVES

Ne les a-t-on jamais conseillés ces vendeurs lisses, passant inaperçus, oubliés sitôt rencontrés, comme si ces êtres étaient sans âme ni idéal ?

Conscients de leur insuffisance, plutôt que de tenter de la dissimuler, ils se complaisent dans des comportements humbles – croyant sans doute plaire aux prospects.

Il y a ceux aussi qui sont accablés par leurs problèmes personnels et qui les étalent, ou encore ceux qui maîtrisent si mal leur angoisse qu'ils la manifestent ouvertement.

Appartiennent aussi à la famille précédente ceux qui, avec arrogance, font sentir leur supériorité (phénomène de compensation sans doute) et laissent penser à leur interlocuteur qu'ils ont une insuffisance à camoufler.

Soyons clairs. Que chacun ait ses insuffisances et ses faiblesses, c'est une certitude. Il n'en est pas moins certain que chaque client, et a fortiori chaque prospect, préfère se sentir flatté par l'apparence de son visiteur, plutôt que de le plaindre pour sa médiocrité.

Il s'agit donc pour chaque chargé de prospection, après avoir inventorié les aspects naturellement positifs de son personnage, de prendre conscience des aspects qui doivent être améliorés, pour, sinon les faire disparaître, du moins les dissimuler. Voici quelques points de repère pour ce travail sur l'image que le vendeur va se donner.

TRAVAILLER SON IMAGE DE PROFESSIONNEL DE LA VENTE

Aspect physique

C'est ce que vous montrez d'abord. Bien entendu, chacun n'est pas bâti en athlète de haute taille. Votre corpulence, votre visage, votre teint, tout cela n'a qu'une importance immédiate relative, si vous avez ou si vous adoptez une attitude et une prestance d'*homme debout,* à la démarche assurée, souple et naturelle, sans excès. Vous transmettez ainsi l'aspect rassurant d'un personnage bien dans sa peau.

Visage

Votre sourire, signe d'amabilité, donne un tour sympathique à votre personne. Votre regard droit – ni inquisiteur et insistant, ni fuyant – exprime un sentiment de force. Rechercher le regard de l'interlocuteur, c'est manifester le souci de s'adresser à lui de personne à personne.

Vêtement

Sauf peut-être pour ceux qui doivent porter les vêtements de fantaisie qu'ils sont chargés de vendre, nous prenons parti pour le classicisme du vêtement. Classique ne veut pas dire austère, ennuyeux ou banal. La réponse à apporter au choix du vêtement tient à la fois aux circonstances de travail (il est ridicule d'être chaussé de Richelieu si l'on doit travailler dans la boue des chantiers), et au type de client que l'on sera amené à rencontrer.

Il faut être vêtu tel que le prospect vous attend. Comme il s'agit d'un prospect et que vous ne l'avez pas encore rencontré, votre raisonnement se fondera sur les autres clients ou prospects déjà visités.

Statut social

La cause est entendue : seuls les vaniteux prêtent une forte atten-tion à leur titre. Mais en prospection, il ne faut pas négliger cet atout. Votre société doit doter ses chargés de prospection d'un titre valorisant. Quand on lit sur certaines cartes de visites « responsable » on a un peu l'impression de recevoir le balayeur. Ceci ne signifie pas *a contrario* qu'il faut distribuer à chacun des titres de « directeur » comme on en abuse dans certains métiers.

Votre voiture, votre montre, votre stylo sont autant de signes de votre statut social. Ces instruments doivent être en harmonie avec votre rémunération, l'image que veut se donner votre société, mais aussi la réaction possible du prospect (gare à la jalousie que suscite une trop belle voiture…).

Voix et langage

Votre voix étant ce qu'elle est, vous pouvez toujours vous arranger pour parler avec une force suffisante, soit en réprimant une voix trop puissante, soit en articulant soigneusement si votre voix est un peu faible.

Le plus important tient à la richesse et à la variété de votre voca-bulaire et au choix des expressions (le langage s'enrichit par la lecture de bons auteurs et par l'exercice de la narration orale des lectures à d'autres personnes).

Courtoisie

N'oubliez jamais qu'aux yeux du prospect vous êtes un intrus. Ce rappel n'a pas pour but de vous mettre en difficulté en vous faisant aborder l'entreprise prospectée avec un complexe d'infé-riorité, mais vous inciter à faire preuve résolument de courtoisie avec quiconque, quel que soit son comportement à votre égard.

Le sourire, déjà évoqué, est une des premières conditions d'une relation agréable avec le prospect. S'y ajoutent la bonne éducation (ce propos paraît démodé et pourtant le ressenti qu'il procure aux autres vous favorise), votre habileté à ne pas heurter l'interlocuteur, ainsi qu'une touche d'humour, et comme le disent les Anglais, d'*understatement*, de léger retrait par rapport à soi-même. Le responsable du bon climat de l'entretien, c'est le chargé de prospection.

Soyez aimable et souriant avec toutes les personnes que vous rencontrerez, gardien, standardiste, hôtesse d'accueil : ce sont des personnages importants. Car, selon la façon dont vous les aurez traités, ils vous donneront ou non la précieuse information qui, peut-être, vous permettra de franchir une étape de votre démarche.

Comportement

Le « numéro bien au point » du début de l'entretien plaide en votre faveur (voir chapitre 9), comme votre bonne connaissance des produits que vous êtes chargé de vendre, de la clientèle que vous prospectez, de sa technique et de son marché. La largeur de votre champ de culture, votre capacité de dépasser votre métier au sens étroit du terme, votre attention et votre intérêt aux circonstances de travail de vos interlocuteurs et votre psychologie vous confèrent une image qui vous situe à l'égal des meilleurs chez vos confrères, et qui sait, un peu en avant.

C'est encore le professionnel expérimenté qui se manifeste par sa façon de conduire l'entretien de prospection, par sa méthode de prise de notes, par ses synthèses.

Écoute

Votre volonté est d'établir une relation d'égalité avec votre interlocuteur. Tout votre comportement signifie que vous avez l'intention de négocier de *puissance à puissance*. Ainsi, vous proscrivez aussi bien les attitudes hautaines (quand bien même vous appartenez à une marque prestigieuse) que les attitudes humbles.

L'un et l'autre comportements vous desservent et ne favorisent pas l'indispensable relation d'égalité.

Ayant satisfait à cette exigence, vous pratiquez une écoute active, signe indéniable de l'intérêt que vous portez à votre interlocuteur.

Personnalité

Nous souhaitons que la plupart des prospects deviennent rapidement vos clients et que vous disposiez de la durée de vos relations pour permettre à votre ou vos interlocuteurs de découvrir la richesse de votre personnage. Dans l'immédiat et pendant le ou les premiers entretiens de prospection, il vous faut au minimum révéler de vous-même (plus par votre manière d'être qu'en le disant) la *densité* de votre personnalité, l'homme de *conviction* que vous êtes : adhésion entière à votre entreprise, à vos produits, à votre métier (si vos doutes sont trop perceptibles par autrui, changez de société, vendez d'autres produits ou changez de métier !).

Votre relation avec le prospect se situera, autant que faire se peut, au niveau de la personne plus qu'à un niveau purement fonctionnel.

QUÉMANDEUR DE COMMANDE OU INTÉRESSÉ PAR LE SUCCÈS DU PROSPECT ?

Au cours du premier entretien avec un prospect, quelle impression laisserez-vous à votre interlocuteur ?

Celle de quelqu'un obnubilé par les affaires à réaliser ? Mauvais départ : vous êtes centré sur vous, ou votre entreprise, ou le chiffre d'affaires à réaliser sur les commissions qui en dépendent.

Celle d'un personnage soucieux de la réussite de son interlocuteur et de l'entreprise prospectée ? C'est pour cela que vous conduisez votre découverte (voir chapitre 11) : le connaissant mieux, lui, son contexte, ses raisonnements, son entreprise, sa situation, ses principes et son ambition, vous pourrez le conseiller plus judicieusement.

PRÉSENCE ET AUTORITÉ

Ce portrait de professionnel de la vente campe-t-il un personnage hors du commun ? Oui, certes, si l'on prend pour repère la moyenne inférieure des vendeurs. Non, en réalité, si l'on sait investir dans son développement personnel.

Réussissent dans la vente, et spécialement dans la prospection, ceux qui se dotent des atouts indispensables pour plaire au client : sérieux, promesses de celui qui est conscient de ses responsabilités et de ses limites. On est loin ici du papillon brillant et du séducteur volubile que certains ont à l'esprit. C'est votre *présence* qui impressionne favorablement, c'est votre professionnalisme qui vous confère de l'*autorité* sur autrui.

Vous saurez que vous avez distancé vos concurrents le jour où un de vos clients (celui-là ne restera pas longtemps prospect) vous confiera : « Vous m'avez fait découvrir, par votre comportement et par vos méthodes de travail, une nouvelle race de commerciaux. »

LA PRÉPARATION DE LA VISITE DE PROSPECTION NE LAISSE RIEN AU HASARD

Si l'une des disciplines indispensables à observer pour gérer activement ses clients est de préparer sa visite en étudiant soigneusement le dossier du client, il n'en va pas tout à fait de même dans une démarche de prospection. Avant la première visite, le chargé de prospection repensera à son personnage et à son comportement dans le droit fil des pages précédentes. Ce n'est que pour la préparation de la deuxième visite et des suivantes qu'interviendra la relecture des notes prises, sans que pour autant on soit moins vigilant à son attitude et à son comportement.

Improviser est le plus court chemin pour parvenir à l'échec.

Avant d'aborder un prospect pour la première fois, mettez tous les atouts de votre côté.

L'inventaire des questions à se poser

Voici un inventaire de questions auxquelles vous devez penser :

1. Un rendez-vous a été pris. L'avez-vous ou vous a-t-il été confirmé ?
2. En cas de pluralité d'interlocuteurs, avez-vous vérifié si les différents interlocuteurs utiles seront présents ? Avez-vous noté leurs noms ?
3. Vous avez composé par écrit un programme de visite. Il détaille :
   • votre texte de présentation ;
   • les points que vous souhaitez aborder avec votre (ou vos) interlocuteur(s), et notamment ceux ayant trait à votre découverte (voir chapitre 11).
4. Avez-vous préparé une batterie de questions (ouvertes, de préférence) ?
5. Avez-vous préparé une liste de références variées : clients de dimensions et de métiers différents, problèmes que vous avez contribué à résoudre, succès remportés ?
6. Connaissez-vous à fond votre argumentaire ?
7. Disposez-vous d'un « Guignol lyonnais » ? (voir chapitre 11)
8. Le matériel de démonstration a-t-il été essayé ?
9. Votre documentation est-elle à jour ? Complète ? En ordre ? À portée de main ?
10. Le barème tarifaire applicable aux clients est-il le dernier paru ?

11. Avez-vous actualisé vos informations internes sur les capacités de production, les stocks de produits, les manquants et les délais de réassort ?

L'inventaire des éléments à posséder

Qu'on ne sourie pas trop vite de cet inventaire du contenu d'un attaché-case de chargé de prospection. Il arrive parfois qu'un « léger » oubli fasse capoter une démarche pourtant bien engagée.

Faut-il préciser que tous les documents énumérés seront ceux de la dernière édition ?

Faut-il ajouter que chaque document sera parfaitement à sa place pour éviter une grotesque recherche, « en farfouillant », d'un document « qu'on était certain de posséder et que l'on ne retrouve plus » sous le regard amusé de l'acheteur ?

LE BAGAGE DU CHARGÉ DE PROSPECTION

- Agenda papier ou électronique (pour prendre les rendez-vous).
- Carnet de bons de commande.
- Cartes de visite.
- Carte géographique du secteur avec repérage des clients et des prospects.
- Conditions générales de vente*.
- Documentation, prospectus, catalogue général (à jour)*.
- Dossier de prospect*.
- Imprimés d'ouverture de compte.
- Mémento de la démarche à adopter.
- Ordinateur portable.
- Papier et stylos (pour prendre des notes).
- Tableau de calcul des marges*.
- Tarif des produits, tarif des consommables, accessoires et pièces détachées, tarif des services (à jour)*.

- Tarifs de la concurrence*.
- Téléphone portable.

(* dans votre ordinateur)

Le mémento du chargé de prospection

Un des ingénieurs en chef d'une des principales sociétés françaises de systèmes et de logiciels informatiques a mis au point à son usage et à celui des collaborateurs commerciaux de ce groupe une carte mémento de la dimension d'une carte de tarot pour faciliter la préparation et la conduite de l'entretien de prospection.

Une carte de visite vendeuse

Une carte de visite qui, outre votre nom, votre titre, votre adresse, le téléphone du siège ou de l'agence à laquelle vous êtes rattaché, votre numéro de téléphone portable et votre adresse e-mail, informe vos interlocuteurs des noms du ou des sédentaires dont vous êtes le coéquipier, donne de vous et de votre entreprise une image de fournisseur qui mène, en équipe, une politique active de communication. La carte de visite peut être illustrée de votre photo et de celle du ou des sédentaires qui vous épaulent. Elle laissera de la place pour rédiger un bref message à l'intention d'un destinataire absent.

CE PERSONNAGE QUE VOUS VOUS APPRÊTEZ À RENCONTRER

Ne serait-ce que pour vous démarquer de tous les solliciteurs qui démarchent celui que vous allez visiter, votre intérêt commande de vous y prendre différemment et mieux que les autres.

À cet effet, si vous réfléchissiez à celui que vous vous apprêtez à rencontrer ? Bien entendu, vous ne le connaissez pas. Pas encore.

Mais vous avez déjà rencontré d'autres titulaires de fonction analogue.

Les quelques questions qui suivent vous aideront à vous « installer dans son fauteuil » et à essayer de deviner son raisonnement :

- en quoi consiste au juste sa fonction ? À quoi emploie-t-il principalement son temps ?
- quel est son environnement professionnel ?
- quelles sont ses préoccupations (ses obsessions), ses priorités si vous préférez ?
- quelles solutions spécifiques votre produit, votre service, votre équipement apporte-t-il en général à ce type de professionnel ? (ne confondez pas toutefois ces solutions spécifiques avec l'argumentaire standard de vos produits).

En vous mettant ainsi à la place de votre futur interlocuteur, il est évident que vous serez d'autant mieux disposé à faire une découverte sur mesure, à engager avec lui un dialogue utile et intéressant parce que, d'emblée, vous vous placerez au cœur de son métier et qu'il percevra clairement que pour le faire ainsi parler aussi intelligemment, vous appréhendez bien les particularités de son métier.

7

Imprimez votre marque
dès la première visite

Le titre de ce chapitre a deux significations, l'une figurée, l'autre réelle.

Dès le premier contact, il est important que celui qui accueille le chargé de prospection reçoive de lui une image forte. Image forte d'un professionnel, dont on induit une image forte de l'entreprise qui l'emploie.

La présence du chargé de prospection ne passe pas inaperçue (c'est l'objet du chapitre précédent), « il imprime sa marque » dès la première visite. Voilà pour le sens figuré.

Mais dans ce chapitre nous évoquons aussi les moyens dont va disposer le chargé de prospection pour soutenir sa démarche. On a compris, à travers ce livre, que pour être efficace la prospection doit être pensée, réfléchie, organisée, qu'elle doit se dérouler selon un plan méthodique, qu'elle doit être rigoureuse.

C'est précisément au service de la méthode et de la rigueur que nous manifestons notre faveur pour les supports visuels, voire audiovisuels – ceux sur lesquels « l'entreprise imprime sa marque », cette fois au sens, propre du terme.

LE « VISUEL-SUPPORT » DE PROSPECTION

Mettre entre les mains des chargés de prospection un « visuel-support » de prospection présente des avantages pour le prospect et pour le chargé de prospection :

- Pour le prospect, qui a comme la plupart des êtres humains une meilleure attention visuelle qu'auditive, les images fixes ou en mouvement (s'il s'agit d'un audiovisuel) sont un moyen de fixer dans son esprit quelques illustrations, quelques mots, quelques chiffres ou proportions (par des graphiques), mieux que ne le fera la conversation de vente la mieux étudiée et la mieux conduite.

  Il faut *faire voir* au prospect, pour percer au cœur de l'immense déferlement d'informations que reçoit tout responsable des achats.

- Pour le chargé de prospection, le « visuel-support » est un guide qui indique les points de passage obligé de sa démarche de vente. Non pas que nous pensions que ce collaborateur soit incapable de suivre un processus méthodique, mais plutôt pour faciliter sa conduite de l'entretien de prospection.

Pourquoi pas un argumentaire ?

Nous n'appelons pas ce moyen de prospection un « argumentaire » comme on le fait souvent. En effet, intituler ce visuel « argumentaire », consisterait à mettre l'accent sur la récitation des arguments sur la société et le produit.

Or, depuis plus de vingt ans que nous exerçons le métier de conseil et de formateur des forces de vente, on commence à savoir chez les bons professionnels de la vente que le préalable à l'expression des arguments est une bonne connaissance du prospect (et du client).

Ce « visuel-support » de prospection pourrait être nommé « guide de découverte en prospection ». Ce serait déjà plus favorable. Cependant, il a aussi un rôle de soutien de l'argumentation, notamment par ses pages de témoignages, d'« éclatés », d'illustrations, de graphiques, de dessins.

Qui doit concevoir le « visuel-support » de prospection ?

Point n'est besoin de recourir à une formule luxueuse. N'en confiez pas non plus la conception à des sociétés extérieures, agences de publicité ou de promotion des ventes (tout au plus la réalisation). Ne le réalisez pas seul. Au contraire, ce visuel doit être conçu – même si le résultat n'a pas l'aspect brillant dont on pourrait rêver – avec ceux qui seront chargés de l'utiliser, tout en leur faisant adopter la démarche convenue : prise de contact avec brève présentation du chargé de prospection et de sa société, insistance sur la découverte du client, promesse de réflexion et prise de rendez-vous pour la présentation de la solution (parce que dans la plupart des cas le chargé de prospection manque d'éléments pour proposer immédiatement, argumenter et conclure).

En concevant le visuel de prospection avec les intéressés, en le testant auprès d'eux, on garantit mieux la faisabilité, on obtient une adhésion infiniment supérieure à celle que l'on a en « vendant » l'idée d'une réalisation extérieure aussi bien faite soit-elle.

Présentation du « visuel-support » de prospection

Le « visuel-support » peut revêtir la forme de « pages » présentées sur l'écran de votre ordinateur portable, ou d'un petit chevalet présentoir de cartons successifs (flip-chart) ou encore, version la plus économique, d'un album souple à pochettes plastiques transparentes au format 22 cm x 37 cm.

Page de couverture : le logotype de l'entreprise

La couleur de la couverture sera choisie de façon à évoquer une des couleurs de reconnaissance de l'entreprise.

Page 1 : le titre

Un titre qui incite le prospect à se centrer sur un problème mal résolu, et qui le concerne personnellement. L'objectif qu'on ne perd pas de vue est d'inciter le prospect à parler de lui, de ce qui le préoccupe, de ce qu'il n'obtient pas de la part de ses fournisseurs ou partenaires actuels.

Exemples : « La chlorose des plantes », « L'analyse biologique aujourd'hui », « Un nouvel esprit de service dans la distribution ». Des titres tels que ceux-ci – et qui correspondent à des réalisations personnelles pour nos clients –, véhiculent correctement l'idée d'un entretien où l'on parlera soit d'un produit correcteur de carence, soit d'un automate d'analyse, ou de ce qu'apporte ce grossiste à ses clients.

Pages 2 et 3[1] : « Faisons connaissance »

Le texte, imprimé en très gros caractères, reprend les questions clés que le chargé de prospection pose à son client.

On pourrait penser qu'un représentant, même de niveau moyen, n'a pas besoin de cet aide-mémoire pour se rappeler les questions. En réalité, si ces questions clés sont imprimées, c'est pour servir de plan au prospect qui les a sous les yeux (le « visuel-support » est présenté dans son sens de lecture, bien entendu).

« En quoi consiste votre activité ? »

L'illustration a pour but de faciliter l'identification des activités du client. Elle représente les principaux « métiers » avec lesquels travaille l'entreprise qui prospecte.

---

1. Pour la suite de cette présentation, nous empruntons le texte à un livret de prospection d'une force de vente de grossiste.

Exemples : entreprises de pose de câbles téléphoniques, installations de stations-service, artisans électriciens, services d'entretien d'administrations, d'hôpitaux ou de grandes entreprises privées, etc.

Les illustrations sont simplement des tirages photographiques. Face à eux, le prospect réagit par des questions multiples :

- *« Chez qui avez-vous pris cette photo ? »*
- *« Ne serait-ce pas chez tel confrère, je le connais bien... »*
- *« Chez nous aussi, il y a un équipement... »*
- *« Tiens, ils semblent avoir choisi... »*

Notons qu'ici les photos n'ont pas de légende : on montre des exemples d'utilisations, on ne présente pas des témoignages.

Page 4

« Quels sont vos besoins en fournitures électriques ? »

Il s'agit, à ce stade de la découverte, de situer précisément les produits achetés par le prospect. L'investigation, bien entendu, ne se contente pas d'une réponse sous la forme d'une énumération de produits. Le chargé de prospection cherche à savoir pour quelles raisons telle marque ou tel produit a été préféré à tel autre.

Comme nous le prescrivons dans la pratique de la découverte, le vendeur écoute attentivement ce que lui dit son interlocuteur. Il ne fait pas de commentaires pouvant laisser comprendre ce qu'il va proposer. Il manifeste son grand intérêt aux propos du prospect pour l'encourager à parler.

Page 5

« Qu'attendez-vous d'un fournisseur ? »

Un grossiste ne vend pas spécialement les 15 000 à 25 000 articles de son catalogue de produits. Ce qu'il vend avant tout, ce sont ses services.

Avant de présenter les siens, il lui est indispensable de comprendre ce que le prospect non seulement attend de son fournisseur, mais aussi les critiques qu'il pourra exprimer spontanément à l'égard du fournisseur actuel.

En procédant ainsi, le chargé de prospection collecte un matériau précieux pour situer entre le fournisseur en place et sa propre entreprise :

- les avantages communs aux deux fournisseurs concurrents :
  - ses propres avantages exclusifs ;
  - les inconvénients du fournisseur en place pour les exploiter dans son argumentation.

- les inconvénients communs aux deux fournisseurs concurrents – les avantages exclusifs du fournisseur en place – pour les esquiver ou se préparer à répondre aux objections qui pourraient surgir[1].

Pages 6 et 7

« Les gammes de produits à votre disposition : fils et câbles, canalisations, petit appareillage, appareillage industriel, éclairage, chauffage électrique, ventilation, courants faibles, mesure ».

À partir de ces pages et sur les pages suivantes du visuel de prospection, le vendeur qui a fait parler le client, qui l'a écouté, va effectuer une présentation personnalisée des activités et des avantages de l'entreprise de gros qu'il représente.

L'énoncé des principales familles de produits peut sembler d'une banalité rare. Il s'agit ici de permettre au prospect de voir clairement les grands groupes de produits qu'il peut trouver chez un tel fournisseur.

D'ailleurs chaque fois qu'une entreprise dispose d'un catalogue considérable de produits textiles, de matériel électrique, de produits industriels, de chauffage sanitaire, etc.) il est indispensable de proposer aux prospects – et aux clients – une vue clarificatrice des grandes familles de produits.

---

1. Lire à ce sujet nos développements dans *Les techniques de la vente, op. cit.*

Pages 8 à 11

L'entreprise de gros présente sur six pages (ou davantage) ses principaux arguments. L'argumentaire est, comme les questions de découverte, imprimé en très gros caractères. Il comporte peu de texte et une illustration soigneusement choisie.

Il s'agit d'imprégner l'esprit de l'interlocuteur, afin qu'après une visite qui n'aura pas excédé trois quarts d'heure, il ait retenu (parce que visualisés) quelques faits, quelques avantages qui pourraient le conduire, par comparaison, à engager une collaboration avec l'entreprise qui prospecte.

Page 12

« Comment allons-nous travailler ensemble ? »

Le texte qui suit précise, en quelques mots, les formalités d'ouverture de compte, la façon d'utiliser le catalogue de produits ou d'interroger le site Internet du grossiste, le dispositif tarifaire, etc.

Pas de vente sans conclusion ! Pas d'entretien de vente en prospection sans obtenir du prospect qu'il se prononce sur la présentation qui vient de lui être faite.

Ici, la question peut avoir un double sens :

• Allons-nous travailler ensemble et comment ?

• Si, comme nous le pensons, notre entreprise vous intéresse, voici les modalités de notre collaboration.

ORDINATEUR ET PROJECTEUR MULTIMÉDIA

Dès lors que le chargé de prospection l'a bien en main, l'ordinateur portable est certainement l'instrument le plus souple pour effectuer une recherche d'illustrations ou d'informations instantanée, des agrandissements d'illustrations pour visualiser un détail, des retours en arrière, sauter ce qui pourrait apparaître superflu... Il offre aussi la possibilité de projeter sur grand écran, ce qui nécessite alors l'intermédiaire d'un projecteur multimédia, aujourd'hui de plus en plus miniaturisé[1] et d'un coût abordable.

---

1. Le plus petit que nous connaissions mesure 5 cm x 10,3 cm x 1,5 cm, soit la taille d'un petit téléphone mobile.

8

Mentalité de prospect

Quand on prospecte, plutôt que d'affronter un inconnu en s'attendant au pire, il est bon, comme le fait le bâtisseur avant d'édifier sa maison, de s'asseoir sur une pierre et de réfléchir.

Pour cette réflexion, prenons un instant la place d'un prospect. Installons-nous dans son fauteuil. D'ailleurs ce prospect est-il différent de nous-même quand on nous annonce un inconnu ? Selon l'humeur du moment, vous serez plus ou moins réceptif, plus ou moins hostile à l'idée d'entrer en relation avec cet inconnu, de changer de centre d'intérêt – parce qu'au moment où se présentait le démarcheur vous étiez occupé par quelque chose d'autre…

Ainsi en est-il de ce prospect que vous abordez. Et si nous suivions son cheminement intérieur en formulant ouvertement les questions implicites qu'il se pose ?

Il est évident que si l'interlocuteur, dans chacune de vos démarches de prospection, prononçait à haute voix toutes les questions que provoquent votre visite et votre façon d'opérer, votre action en serait grandement facilitée. Alors, puisque ces questions existent pourquoi ne pas les recenser ?

LES QUESTIONS D'UN PROSPECT

Vous appelez le prospect au téléphone. Son assistante ou la standardiste lui annonce votre nom. Il pense :

- *Qui est-ce ?*

Mais votre nom ne suffit pas. Peut-être déjà le nom de votre société évoque-t-il quelque chose pour lui ? Il lui faut obtenir des précisions sur l'objet de votre appel et la raison pour laquelle vous voulez qu'il vous accorde un rendez-vous. Le prospect se demande :

- *Ce visiteur, homme ou femme, sera-t-il semblable à ceux qui me sollicitent habituellement ? Ou s'en différenciera-t-il ?*

- *M'apportera-t-il une valeur ajoutée supérieure à celle dont je bénéficie avec notre fournisseur actuel ?*

- *Va-t-il, comme tant d'autres, me faire perdre les dix minutes que j'accepte de consacrer à un démarcheur sans intérêt ? Va-t-il parler pour ne rien dire ?*

- *Vais-je consacrer du temps à recevoir ce monsieur (ou cette dame), ou vais-je l'éconduire ?*

Et puis, simultanément :

- *De quoi veut-il m'entretenir au juste ?*

Inutile de préciser que si vous n'apportez pas spontanément les justifications qui s'imposent et si votre démarche ne présente pas d'attrait pour le prospect, votre chance de passer cette première étape ne sera pas grande.

Vous vous y êtes pris de la façon qui convenait pour être reçu (si vous éprouvez des difficultés, les chapitres suivants de ce livre ont été rédigés spécialement pour vous aider à les surmonter), et vous voilà dans le saint des saints, nous voulons dire dans le bureau du prospect.

Le prospect vous observe, vous jauge, a globalement une première impression de qui vous êtes. Et il se pose les mêmes questions que vous à son sujet :

- *Qui suis-je pour lui ?*

- *M'a-t-il correctement identifié, avec mes pouvoirs et mes limites ?*

Vous avez agi comme il fallait en faisant préciser ou en vérifiant auprès du prospect l'orthographe de son nom, ainsi que sa fonction.

Chaque fois que vous en aviez l'occasion, vous avez cité les relations communes que vous pouviez avoir. Plus même, vous avez utilisé la recommandation chaleureuse d'un de vos amis professionnels auprès de votre prospect. Indéniablement, le courant passe et le prospect est bien disposé, pour le moment, à votre égard.

Pourtant le prospect est à présent saisi d'une inquiétude :

- *Va-t-il se comporter comme tous les autres vendeurs en m'abrutissant de propos sur sa société, ses produits, ses services, ses arguments ?*

- *Va-t-il appliquer scolairement ce qu'il a appris pendant sa dernière formation à la vente ?*

- *Saura-t-il en peu de temps aborder le cœur de nos préoccupations (que je ne livre qu'à ceux que j'estime dignes d'en faire bon usage) ?*

Mais voilà que le prospect retrouve sa sérénité. Vous lui avez dit que sa société, ses préoccupations, ses critères de choix vous importaient avant tout, que vous n'aviez pas l'intention de lui parler trop de vous et de vos produits, que vous cherchiez d'abord à le comprendre.

Alors le prospect s'interroge encore :

- *Que connaît-il de notre entreprise, de notre conception des affaires, des produits que nous recherchons ?*

- *S'est-il sérieusement documenté sur notre entreprise, ses caractéristiques, ses particularités ?*

- *Sera-t-il apte à se saisir de la problématique de nos achats ?*

Vous avez, vous, le chargé de prospection, répondu à son attente. Vous commencez votre exploration. Elle est passionnante pour le prospect.

Pensez donc ! Vous le faites parler de lui, de ce qui constitue son univers, de ce qui l'intéresse parce que c'est son métier ; c'est parce qu'il le connaît bien qu'il aime vous en parler. Et pendant que le prospect, sous votre conduite habile, parle, il ne se pose plus de questions. De votre côté, vous notez toute la richesse de ses propos, de ses réflexions, des informations qu'il vous fournit. La découverte se poursuit. Parce que vous en avez une excellente maîtrise, progressivement, vous resserrez le cadre de vos investigations.

Vous avez découvert plusieurs pistes, plusieurs domaines où les produits et les services concurrents ne sont pas totalement adéquats. Vous commencez à pressentir que vos produits ou vos services assureraient à ce prospect de plus grands avantages que ceux qu'il obtient actuellement. Pourtant, vous n'avez encore rien proposé. Mais le prospect comprend, par vos « ballons d'essais »[1], que vous semblez bien avoir une solution à lui proposer.

Et il brûle de vous demander :

- *Que pouvez-vous faire pour nous ?*

- *Me fera-t-il découvrir une nouvelle technologie, des innovations adaptées à notre entreprise, de nouvelles utilisations des produits que nous achetons ?*

Le moment est venu de satisfaire la légitime impatience de votre prospect. Vous lui présentez votre proposition. Vous avez écouté ce qu'il vous disait pendant la découverte, et vous utilisez précisément ses attentes du maintien des avantages actuellement obtenus avec les produits ou les services en place. Vous mettez en avant aussi la disparition, si possible, des inconvénients inhérents aux produits ou services de vos concurrents qu'il utilise encore aujourd'hui.

Le prospect vous écoute avec beaucoup d'attention. Il ne le montre pas toujours, mais ce que vous lui dites, ce que vous lui proposez, les arguments personnalisés que vous employez, l'intéressent au plus haut point. Il estime que l'entretien est fructueux et qu'il a appris quelque chose d'utile.

---

1. Lire à ce sujet *Les techniques de la vente*, page 175 et *L'essentiel de la vente*, page 105.

Pourtant, il est saisi d'un doute :

- *Pouvez-vous réaliser ou faire vraiment ce que vous proposez ?*
- *N'exagérez-vous pas ?*

Le prospect est même saisi de plusieurs doutes. Il a été ébranlé par ce que vous lui annoncez. C'est bien. Mais vous n'avez pas encore gagné la partie. Le voici qui s'interroge encore :

- *Est-ce vraiment la meilleure solution que je vais pouvoir apporter à nos préoccupations ?*

Vous avez senti que votre excellent travail risque de profiter à l'un de vos concurrents. Et vous effectuez un superbe tir de barrage, subtil et efficace, pour éliminer chez le prospect les velléités d'interrogations de vos confrères – et parfois de celui qui est déjà dans la place. Il faut battre le fer tant qu'il est chaud. Vous n'êtes pas au bout de vos peines !

Le prospect (il est presque votre client à présent) se prend à hésiter :

- *Dois-je me décider immédiatement ?*

Vous maintenez la pression. Vous vous faites expliquer les raisons de cette hésitation. Vous apportez le traitement qui convient… Ça y est ! le prospect vous donne son accord.

Et cependant, il s'interroge encore :

- *N'aurais-je pas à le regretter ?*

Et après que vous ayez pris congé, il se pose encore une ultime question :

- *Ai-je vraiment fait une bonne affaire ?*

Est-ce un interlocuteur particulièrement tourmenté que nous avons présenté ? Non. Tous les prospects, tous les clients sont comme cela. À vous, chargé de prospection, de le comprendre et d'agir en conséquence.

Changer de fournisseur est d'abord perçu comme un risque

Le risque dû au changement de fournisseur par l'acheteur est double :

- un risque personnel : il va falloir justifier ce changement ;
- un risque de transition délicate : entre l'ancien et le nouveau fournisseur, les produits, les pièces de rechange, les numéros de nomenclature ne sont pas les mêmes. Il faudra, pendant la période de transition, tenir un double stockage des produits et des pièces de rechange.

S'il y a des dysfonctionnements, des ajustements à faire, on ne manquera pas de critiquer le changement de fournisseur ; le fournisseur exclu étant paré de tous les mérites (mais a-t-on oublié les critiques si nombreuses qui ont concouru à son éviction ?) et le nouveau fournisseur étant regardé avec suspicion.

9

Pour bien commencer
le premier entretien

DIX MINUTES POUR LES IMPORTUNS

Dans une grande organisation, le directeur des relations avec les fournisseurs s'astreint à recevoir tout commercial susceptible de lui apporter une information utile. Mais son expérience l'a rendu méfiant envers certains vendeurs qu'il considère comme des bonimenteurs importuns. Aussi, considérant que les recevoir est son « œuvre de charité », n'accorde-t-il à tout visiteur que dix minutes (en privé, il déclare : « 10 minutes pour les casse-pieds »).

Ces dix minutes sont le temps maximal que ce client, comme d'autres, accepte d'investir pour un entretien qui, *a priori*, ne devrait pas avoir d'intérêt pour lui.

À vous, chargé de prospection, d'employer au mieux ces dix minutes pour intéresser suffisamment votre interlocuteur afin qu'il prolonge la durée de l'entretien ou vous propose un rendez-vous d'approfondissement.

Comment faire ? Surtout pas en le bombardant d'arguments, mais en utilisant ce laps de temps pour le faire parler ou… lui parler de lui.

Que dire pour commencer ? Quelles paroles prononcer ? Faut-il tourner autour du pot ? Comment entrer rapidement dans le cœur de l'entretien ? Comment éviter de parler de nous, de notre entreprise, de nos produits, de nos services, alors qu'ignorant pratiquement tout des besoins et des motivations de l'interlocuteur[1], on

---

1. Ces aspects font l'objet d'amples explications dans *Les techniques de la vente, op. cit.* Voir également le chapitre 11.

risque de se lancer dans une présentation et une argumentation inefficaces ?

PROPOSER UNE MÉTHODE DE TRAVAIL

Il faut donc en dire suffisamment pour que l'interlocuteur situe l'entreprise et l'intérêt qu'elle pourrait présenter pour lui, sans y consacrer plus d'une à deux minutes.

Pour que votre propos de présentation soit aussi bref que possible, renvoyez-le vers un imprimé qui expose les chiffres, l'historique, les spécialités, et présente des différents produits de votre entreprise.

Nous ne sommes pas toujours partisans d'une présentation visuelle *via* l'écran de votre ordinateur portable. Certes, les images sont animées mais les effets spectaculaires troublent la bonne perception et la mémorisation de votre présentation.

De plus, la présentation par ordinateur risque de vous enfermer dans une présentation identique pour tous les prospects, susceptible d'être mal reçue par certains de vos interlocuteurs, agacés par une démarche standard.

Si vous tenez absolument à cette présentation visuelle, pour éviter sa fugacité, doublez cette présentation par la remise d'un imprimé qui reprendra les « pages » caractéristiques de votre présentation avec l'ordinateur. Et arrangez-vous pour intégrer totalement la présentation visuelle dans votre propre démarche.

En tout état de cause, vous proposerez une méthode attrayante de déroulement de l'entretien qui vous permettra de déboucher sur une solide découverte[1].

Voici un exemple de ce que peut être cette entrée en matière :

---

1. Ces aspects font l'objet d'amples explications dans *Les techniques de la vente*, *op. cit.* Voir également le chapitre 11.

- *« Bonjour Monsieur,*
Jean-Jacques Assis, de la compagnie d'assurances « La
Saintongeaise ».
Je suis heureux de ce premier entretien, dont je vous remercie.
Il est important à mes yeux, pour bien nous situer, de faire
mutuellement connaissance.
Peut-être connaissez-vous déjà La Saintongeaise ?
Je vais d'abord vous présenter sobrement notre société.
Ensuite, si vous le voulez bien, nous allons accorder la
« vedette » de l'entretien à votre entreprise.
De combien de temps disposez-vous ? »

En prospection, votre entreprise vous emploie et vous rémunère pour
COMPRENDRE votre prospect AVANT de lui parler de vos produits.

- *« Qu'est-ce que La Saintongeaise ? Une compagnie régionale*
affiliée à un réseau d'autres compagnies régionales d'assu-
rances. Nous sommes présents dans votre région à Poitiers,
La Rochelle, Niort, Bordeaux.
Quelques mots clés vous indiqueront notre originalité : ima-
gination, prévention, méthode d'approche personnalisée,
autre regard porté sur votre dispositif d'assurances.
Je développerai ces aspects un peu plus tard, après avoir
écouté votre présentation.
Pour travailler utilement, préférez-vous utiliser votre présen-
tation habituelle ou puis-je vous proposer de vous exprimer
sur les points suivants ? :
- Historique de votre entreprise.
- Particularités de ses fabrications.
- Votre marché, vos concurrents.
- Votre organisation… »

La pratique permet d'affirmer que lorsque l'on commence par
« Quel est l'historique de votre entreprise ? », on pose une question ouverte peu chargée de contenu émotionnel et qui ne suscite
pas de réticence. On obtient facilement la prise de parole de
l'interlocuteur, et on peut déjà collecter un nombre appréciable
d'informations utiles.

La réponse obtenue permet, en outre, d'embrayer aisément sur ce qu'est l'entreprise aujourd'hui : produits, marché, organisation, personnel, climat social, etc.

Voici un autre exemple de déroulement type d'une entrée en matière :

- *« Bonjour Monsieur (sourire).*
  Je suis Patrick Toulouse, de la Société Santana.
  Je voudrais parler au responsable des achats de produits diététiques... »

- *« C'est moi*

- *Bonjour Monsieur (sourire).*
  Patrick Toulouse, de la Société Santana.
  Je suis heureux de vous rencontrer.
  Je pense que vous avez déjà entendu parler de Santana.

- *Oui, bien sûr...*

- *Mais cette connaissance est souvent incomplète ; je suis venu spécialement (1) vous voir, mais je ne vous connais pas vraiment.*
  Voulez-vous que nous fassions mutuellement connaissance ?

- *Si vous voulez...*

- *Santana, vous le savez sans doute (2) est une société italienne, implantée directement en France et dont je suis le responsable (3) commercial sur votre secteur.*
  Nous disposons à présent d'une gamme de produits bien composée et diversifiée dont je vous parlerai tout à l'heure (4).
  Auparavant, voulez-vous que nous parlions de votre affaire, de votre clientèle, de votre politique d'achat ? » (5).

Dans une telle démarche, nous voudrions commenter les cinq aspects signalés par le chiffre entre parenthèses :

(1) Il est important de faire valoir au prospect que nous effectuons une démarche, non pas en passant mais spécialement pour lui. C'est lui dont on désire s'attacher la

relation pour créer un courant d'affaires profitable pour les deux entreprises.

(2) La précaution oratoire : « Vous le savez sans doute » permet de rétablir une information perçue de façon imprécise par les prospects, tout en ayant l'air de considérer que l'interlocuteur était tout à fait au courant. S'il l'était, la précaution s'imposait encore davantage.

(3) Pour être plus facilement reconnu comme interlocuteur « valable », il est intéressant pour le chargé de prospection d'être doté (pour l'extérieur) d'un titre valorisant. Ici l'appellation « responsable » est un peu faible ; on lui préférera : « chargé de clientèle », « chef de secteur », « attaché de direction commerciale », etc.

(4) Pour éviter de parler de ses produits et d'argumenter, le chargé de prospection esquisse une présentation et renvoie à plus tard (c'est ce que l'on appelle un écran) l'argumentation ; c'est-à-dire après la découverte, quand il aura collecté les éléments qui lui permettront de personnaliser les avantages.

(5) Le chargé de clientèle propose un plan succinct pour organiser la prise de parole de son interlocuteur. Il indique ainsi clairement le début de la découverte. À ce moment-là, s'il ne l'a déjà fait au commencement de l'entretien, le chargé de clientèle ouvre son carnet de notes.

Prendre des notes, c'est accorder de la considération à ce que vous dit le prospect.

UN NUMÉRO BIEN AU POINT

À travers ces deux exemples, nous pensons avoir fait comprendre qu'une démarche de prospection, pour être immédiatement perçue comme conduite par un bon professionnel par le prospect, doit avoir cet aspect de « numéro bien au point ».

Sans doute, le chargé de prospection peut, à la longue, se lasser de ce qui lui semble une répétition monotone et sans fantaisie ; il doit penser à l'effet produit sur son interlocuteur qui va le comparer à tous ceux – et ils sont légion – qui donnent l'impression d'improviser.

Le premier entretien de prospection doit être ressenti comme un numéro bien au point.

Au surplus, si la trame de la présentation de la visite de prospection reste identique, elle n'implique pas qu'on la pratique d'une façon éteinte, avec un air las !

«Celui qui ne sait pas sourire ne doit pas tenir boutique », dit le proverbe chinois. Celui qui ne sait pas composer un personnage sympathique, chaleureux, actif, porteur d'un message auquel il semble adhérer, ne doit pas pratiquer la prospection.

Il faut aussi insister sur la perception que doit avoir l'interlocuteur du chargé de prospection de la méthode suivie par ce dernier. S'il a l'impression d'avoir affaire à un bon professionnel, qui conduit activement l'entretien, qui pose des questions pertinentes, qui est apte à saisir immédiatement l'essentiel, il se laissera en général conduire et fournira volontiers une information abondante.

LES FACTEURS QUI FAVORISENT LA PRISE DE PAROLE DU PROSPECT

Il ne suffit pas, cependant, de dire qui on est, ce qu'est l'entreprise qui nous emploie, pour obtenir que le prospect livre en détail les clefs de sa connaissance.

Cinq facteurs contribuent fortement à favoriser la prise de parole du prospect.

1. L'intérêt qu'il trouve dans la méthode de travail proposée par le chargé de prospection. L'impression qu'il reçoit que cette

visite pourrait déboucher sur quelque chose d'utile pour lui et pour son entreprise.

2. L'art des questions :
   - questions ouvertes et intéressantes au début de l'entretien ;
   - questions fermées pour obtenir des précisions au cours de l'entretien.

3. L'écoute du prospect par le chargé de prospection qui lui montre ainsi tout l'intérêt qu'il porte aux propos tenus et aux informations émises.

4. L'art de la reformulation : par les reformulations écho, résumé, déductives, le chargé de prospection active et intensifie la conversation entre lui et son vis-à-vis[1].

5. Les réflexions incidentes faites par le chargé de prospection qui manifeste sa connaissance du métier de l'entreprise prospectée, sa culture, son aptitude à généraliser ou à relativiser.

ÊTES-VOUS CERTAIN DE BIEN COMPRENDRE ?

L'entreprise que vous prospectez ne vous est pas familière, par définition. Ses processus de fabrication et sa technologie sont-ils difficiles à comprendre ? ; la référence à certaines situations antérieures est-elle obscure pour vous ?

Il n'est pas indigne de demander à votre interlocuteur de vous aider à comprendre. C'est même faire preuve d'intelligence : rien ne serait pire que de sortir de l'entretien sans avoir clairement compris le contexte dans lequel s'insèrera votre offre future.

Voici quelques formules pour obtenir les précisions ou explications qui vous font défaut :

---

1. Voir *Les techniques de la vente et L'essentiel de la vente, op. cit.*

OBTENIR DES PRÉCISIONS OU EXPLICATIONS

- « Qu'entendez-vous exactement par… ? »
- « Que signifie (telle expression) ? »
- « Pouvez-vous revenir sur la succession des phases de… ? »
- « Je ne suis pas sûr d'avoir bien compris en quoi consiste la technique employée ; pouvez-vous reprendre votre explication ? »
- « Que voulez-vous dire par… ? »
- « Je voudrais que vous repreniez (tel point)…»
- «Pouvez-vous préciser votre pensée ? »
- « Voulez-vous dire par là que… »
- « Concernant cette question, avez-vous un exemple à l'esprit ? »

FAÎTES ATTENTION À VOTRE EXPRESSION

Un peu d'humour à propos de quelques expressions qui altèrent vos chances en prospection… Nos remarques sont placées entre parenthèses. Attention ! les expressions que vous employez vous trahissent.

LE BÊTISIER DES EXPRESSIONS DU CHARGÉ DE PROSPECTION

- *« Excusez-moi de vous déranger… »* (pourtant, lui et vous, faites votre métier)
- *« Je passe pour vous voir… »* (sans doute parce qu'il y avait de la lumière allumée)
- *« J'espère que je ne vous dérange pas trop… »* (si vous lui faites perdre son temps, est-ce donc que votre produit ne vaut rien ?)
- *« Je viens faire une offre de service… »* (êtes-vous le nouveau valet de pied de Monsieur ?)
- *« J'espère pouvoir travailler avec vous… »* (il ne manque plus que la sébile à la main)
- *« Je crois que vous avez des problèmes… »* (oh ! que ce mot est déplaisant à entendre)

- *« Je peux vous faire des propositions... »* (mais vous n'en êtes pas plus certain que cela)

- *« Je n'ai besoin que d'un "p'tit" peu de temps... »* (sans doute pour un « p'tit produit », vendu à « p'tit prix », par un « p'tit » vendeur)

- *« Éventuellement... »* (ça semble bien aléatoire votre affaire)... *« Nous avons plusieurs matériels dont vous auriez peut-être besoin... »* (aucune certitude)

- *« Je vais vous remettre une documentation... »* (sans doute êtes-vous rémunéré en fonction du nombre de documentations remises)... *« Vous l'examinez, on se revoit et on fait comme ça... »* (on fait quoi au juste ?)

Certaines de ces expressions vous appartiennent-elles ? Vous avez dû rougir, et probablement nous en vouloir. Prenez cela avec humour... mais, amicalement, essayez d'imaginer l'effet que vous produisez auprès de votre prospect et efforcez-vous de vous améliorer.

CE PROSPECT EST-IL UN CLIENT POTENTIEL ?

La prospection a pour objectif d'apporter de nouveaux clients à l'entreprise. Dans la mesure où toute démarche mobilise le temps et l'énergie du chargé de prospection et où elle est pour l'entreprise un investissement qui appelle un revenu (sous la forme de chiffre d'affaires supplémentaire), il est important de déterminer le plus tôt possible si le prospect peut se transformer rapidement en client. (Nous reprendrons cet aspect de la question dans les chapitres 16 et 17).

Aussi, tout premier entretien aura au minimum deux buts :

- ramasser le plus possible d'informations pour pouvoir faire une offre adaptée ;
- évaluer la probabilité d'aboutir à une vente.

Il convient donc que tout chargé de prospection obtienne des réponses sur les facteurs de choix d'un fournisseur par le prospect :

• combien de fournisseurs sont-ils mis en concurrence ?

• comment se situe votre entreprise par rapport à ses concurrents ?

• quels sont les critères de choix, et quelle est la pondération de chaque critère dans l'ensemble ?

• quel est le budget (d'équipement ou d'approvisionnement) disponible pour cet achat ?

• y a-t-il une « cote d'amour » en votre faveur ? Ou au contraire un handicap ?

• qui participera directement et indirectement à la décision ?

• à quel moment la décision sera-t-elle prise ?

• quelle est l'opinion personnelle de votre interlocuteur au sujet de votre entreprise ?

• votre interlocuteur n'a-t-il pas accepté la visite du chargé de prospection pour recueillir de l'information sans intention de changer de fournisseur ?

• ne servez-vous pas de « lièvre » au profit de l'un de vos concurrents, ou au profit du fournisseur en place ?

AMÉLIORER LA PRODUCTIVITÉ DE LA PROSPECTION

Si, *avant* la première visite à un prospect vous ne pouvez guère faire d'hypothèse sur votre chance d'aboutir à un bon résultat, il ne doit pas en être de même *après* celle-ci.

Fondamentalement, vous devez retirer de cette première visite deux éléments :

• une bonne exploration de l'entreprise prospectée à travers les propos tenus par le ou les interlocuteurs rencontrés qui vous permet de situer l'importance potentielle du prospect ;

- un pronostic de résultat selon un spectre simplifié (très favorable, assez favorable, plutôt défavorable, très défavorable, sans intérêt). (Cet étagement de la prévision de performance sera développé chapitre 19).

Dès lors, vos efforts de prospection vont se concentrer sur des entreprises nouvellement visitées offrant une perspective de chiffre d'affaires moyen ou important, et dont l'accueil à vos propositions semble favorable (ce qui ne veut jamais dire que toutes les pistes prometteuses se transformeront en clients).

10

Usages internationaux pour une entrée en matière réussie

Il ne saurait être question ici de vous initier à l'importante variété des codes de la politesse, et des impairs que l'on peut commettre en les ignorant, pour tous les pays où votre entreprise vous envoie établir de nouvelles relations commerciales.

Certes, dans la grande majorité des cas, vos interlocuteurs sont disposés à vous pardonner, en votre qualité d'*étranger*, les maladresses de votre comportement. Cependant, les gestes que vous ferez et les propos que vous tiendrez, qui témoignent d'un vernis de connaissance des usages en vigueur dans le pays où se situe votre prospection, seront perçus comme un hommage implicite que vous rendez à vos interlocuteurs ; ce qui aura pour effet immanquable de vous rendre éminemment sympathique.

CHOIX DU VÊTEMENT

Une tenue classique est universelle, qu'il s'agisse du complet gris trois pièces porté par les dirigeants dans de nombreux pays, ou plus simplement de la veste et du pantalon assorti avec chemise impeccable à manches longues et cravate pour les hommes, tandis que les femmes porteront un tailleur sobre avec jupe ou pantalon et bijoux discrets. Toutefois, Mesdames, ne portez pas de pantalon en Russie, et que votre jupe ne soit pas trop courte en Turquie.

Dans les pays chauds, les vêtements seront plus légers, mais avec la même exigence de tenue classique et élégante.

Vous tiendrez aussi compte, quelle que soit la région du monde où vous vous trouverez, du style propre à l'entreprise, que vous soyez un de ses collaborateurs, un client ou un fournisseur, souvent chic et conservateur dans les grandes sociétés multinationales, telles que Nestlé, IBM ou Procter & Gamble.

PRÉALABLES À LA RENCONTRE

Dans la plupart des pays, il est préférable que vous ayez été présenté préalablement à votre rencontre avec votre prospect. Cette présentation sera effectuée par une ou des personnes bien considérées de votre interlocuteur (par exemple un correspondant local).

PONCTUALITÉ

La ponctualité est très diversement appréciée d'un pays à l'autre d'un même continent. Très strictement observée en Allemagne, en Italie du Nord, dans les pays scandinaves, en cas de retard, on vous demandera de prévenir systématiquement ceux que vous visitez. On est aussi ponctuel au Chili, au Brésil et en Afrique du Sud.

En Espagne et en Grèce, on admet un léger retard.

En Turquie, si votre ponctualité est favorablement ressentie, un retard d'une demi-heure à un rendez-vous ne porte pas à conséquence.

En Thaïlande, en Iran, la ponctualité de votre interlocuteur est toute relative. En Inde, la ponctualité est une notion inconnue. Au Maroc, on dit du temps qu'il est souvent le temps de l'attente.

En Amérique latine, l'inexactitude n'est pas ressentie comme une impolitesse, et un retard d'une heure n'est pas jugé important. Il arrivera cependant que vos hôtes soient parfaitement à l'heure, et on appréciera que vous soyez ponctuel au rendez-vous.

De cet ensemble disparate, retenez plutôt d'être ponctuel, quelle que soit la notion de la gestion de son emploi du temps de votre interlocuteur.

LANGUE DES AFFAIRES

L'anglais est pratiquement parlé partout dans les milieux d'affaires, à l'exception peut-être du Mexique où il est recommandé de parler l'espagnol (comme en France de parler le français).

VISAGE

Rappelons que le visage des messieurs doit être parfaitement rasé et que le maquillage des femmes se doit d'être discret.

JEUX DE REGARD

Les jeux de regard lors des entretiens professionnels sont assez variables, selon les pays.

Aux États-Unis, par exemple, on estime que la proportion du temps consacré, lors d'une conversation, à regarder l'autre est comprise entre 40 et 60 %. En dessous de cette proportion, votre interlocuteur pensera que vous lui cachez quelque chose, que vous manquez de franchise.

Votre regard parcourra un triangle autour des yeux ; vous éviterez de descendre au-dessous du nez. Car si votre regard descend vers la bouche de celui qui vous fait face, vous lui adressez un signal d'amitié, au détriment de la relation purement professionnelle que vous souhaitiez avoir avec lui. Et si votre regard descend sur sa cravate, pour un homme, ou son collier, pour une femme, vous entrez en relation intime, considérée comme peu professionnelle.

Les Anglais, peu à l'aise avec les contacts physiques, ont tendance à regarder entre les yeux ou à regarder alternativement un œil puis l'autre.

En Extrême-Orient, en Chine, en Corée, au Japon, l'affaire du regard se complique parce qu'intervient la notion de respect dû aux supérieurs hiérarchiques. Un collaborateur d'un niveau inférieur évitera de regarder son supérieur hiérarchique dans les yeux, car agir ainsi serait assimilé à un manque de respect. Ceci du moins dans les milieux traditionnels ; car dès lors que l'on est en présence de personnes qui auront fait des études internationales, celles-ci auront pris l'habitude de porter leur regard à la manière occidentale.

Dans les pays du Maghreb, au Moyen-Orient, et plus généralement dans les pays de culture islamique, on ne portera qu'un bref regard à son interlocuteur, de l'ordre d'une à deux secondes, avant de le « descendre ». En effet, dans ces pays, hommes et femmes couvrent leur corps de vêtements car les préceptes du Coran considèrent que la contemplation des corps est source de péché.

Au Liban, en Israël, on observe que les hommes se regardent intensément. Libanais et Israéliens ont appris à négocier en se regardant droit dans les yeux, la distance de communication étant extrêmement courte. Nous hasardons l'hypothèse que la pupille et l'iris des yeux étant presque aussi noirs, il faut être physiquement proches pour lire dans les yeux de l'autre.

Au Mexique et au Puerto Rico, le contact des yeux est considéré comme un geste agressif, les interlocuteurs se lanceront ainsi de brefs regards, pas trop appuyés.

SALUTATIONS

Dans tous les pays anglophones, celui qui vous accueille vous dira « How do you do ? », auquel vous répondrez de même (sans donner de vos propres nouvelles) « How do you do ? »

En Espagne et dans toute l'Amérique latine, à l'exception du Brésil, selon le moment de la journée, on dira le matin « Buenos dias » ou l'après-midi « Buenas tardes ».

Dans les pays de langue arabe, au « Asalam aleïkoum » (la paix soit avec vous) d'accueil de votre partenaire, vous répondrez « Oua aleïkoum salam » (la paix soit aussi avec vous).

USAGE DES TITRES

En Allemagne et en Autriche, on use généreusement du « Herr Doktor », ou en Italie « Dottore », même à l'intention d'une personne qui n'est pas diplômée dès lors qu'elle occupe une position éminente. Désignez les personnes en précédant le nom de famille de « Herr (Monsieur) Müller » ou « Frau (Madame) Wagner ». En Espagne, ce sera respectivement « Don Hernandez » ou « Doña Martinez » ou« Usted » et au Portugal et au Brésil « o Senhor » ou « o Senhor Doutor » et « a Senhora ».

Dans les pays arabes, le titre honorifique de « Cheikh » est réservé aux vieillards, aux leaders et aux savants.

Au Japon, ajoutez au nom de famille de votre interlocuteur, masculin ou féminin, même si vous vous adressez à lui en anglais, le suffixe « san » (M. Kiyoshi san). En Thaïlande, vous précédez le nom de famille de votre interlocuteur, homme ou femme de « Khun ».

Poignée de main

Peu usitée en Grande-Bretagne, si ce n'est lors du premier contact, attendez toutefois que votre prospect vous tende la main avant de vous apprêter à la lui serrer. En Allemagne, on se serre la main au début et à la fin des rencontres. Les Scandinaves ont une poignée de main vigoureuse et inclinent la tête en vous saluant.

En Espagne et dans les pays de l'Amérique latine, la poignée de main vigoureuse est accompagnée d'une accolade énergique (« abrazo »), mais sans doute pas au premier contact.

Si, en pays arabe, vous négociez avec une femme, attendez qu'elle vous tende la main (ce qui, rappelons-le, est aussi l'usage en France). Votre poignée de main sera brève et votre regard ne devra pas être insistant.

En Inde, traditionnellement, on se salue en joignant les mains sous le menton en inclinant la tête ; cependant la jeune génération a adopté la poignée de main.

Distance de communication

Alors qu'aux États-Unis, en Allemagne, en Grande-Bretagne la distance de communication est de l'ordre de 65 cm, cet espace se réduit à 40 cm en Italie, en Égypte et dans tous les pays de l'Amérique latine, du Mexique à l'Argentine. C'est aussi dans ces pays où la distance de communication est étroite, que, une fois entré en relation d'affaires familière, on vous prendra par le bras ou par l'épaule, ou même vous embrassera ; ne vous dégagez alors surtout pas, ce serait marquer votre défiance.

CARTE DE VISITE

Le must est d'avoir une carte de visite bilingue français et langue du pays où vous prospectez, ou sinon en anglais au *verso*. La sobriété de la présentation graphique est de rigueur. D'une manière générale, tendez votre carte de la main droite car dans de nombreux pays ce que fait la main gauche est mal considéré.

Dans tous les pays asiatiques, présentez votre carte de visite en la tenant des deux mains, le sens de la lecture étant dirigé vers votre hôte. Quand votre interlocuteur vous tendra sa propre carte (et vous remarquerez qu'il la tient des deux mains), prenez-la vous aussi avec les deux mains (jamais de la main gauche, car ce serait considéré comme une insulte) et gardez-la devant vous pendant toute la durée de l'entretien. N'inscrivez rien sur cette carte, ce geste étant considéré comme une impolitesse.

PRÉALABLES À LA NÉGOCIATION

En Iran, on commence par prendre des nouvelles de la santé de l'interlocuteur, puis on passe à d'autres sujets anodins avant d'entrer dans le vif du sujet. C'est le même usage dans l'ensemble de l'Afrique, de l'Égypte à la république d'Afrique du Sud.

En Amérique latine, la négociation commence par un échange de propos sans importance. Aller directement au cœur de la négociation d'affaires vous fait passer pour un impatient qui ne s'intéresse pas à ses interlocuteurs.

11

Pour une gestion active de l'information

Si l'on se donne tant de peine pour aiguiser la curiosité du prospect par une lettre, si l'on déploie autant d'habileté et de persévérance pour obtenir un rendez-vous par téléphone, ce n'est pas, on en conviendra, pour se contenter de débiter son boniment à la personne que l'on visite. Si la prospection se limitait à cela, on peut supposer que les délégués commerciaux auraient été depuis longtemps remplacés par des vidéo-clips que les entreprises adresseraient à leurs prospects. Si le vidéo-clip est un instrument qui peut s'inscrire dans les outils d'aide à la prospection, il ne peut pas remplacer le travail du chargé de prospection.

Précisément, ce travail du chargé de prospection va consister à collecter le plus rapidement et le plus complètement possible une masse d'informations, de façon à pouvoir présenter une proposition commerciale étroitement adaptée aux attentes et besoins de l'entreprise prospectée.

Cette collecte d'informations ne peut pas s'effectuer au cours d'une simple conversation à bâtons rompus. C'est au contraire un entretien strictement organisé pour être aussi dense que possible, pour que la connaissance de ce qui va favoriser la décision soit aussi complète qu'on puisse l'espérer.

La découverte, car c'est ainsi que l'on appelle habituellement cette phase de la vente, ne consiste pas seulement à remplir en quelque sorte les lignes d'un questionnaire. Il s'agit au-delà, et grâce aux renseignements recueillis, d'avoir *l'intelligence de la situation rencontrée*, de comprendre (et c'est souvent un travail subtil) pourquoi la décision d'acheter va être prise en votre faveur ou en faveur de votre concurrent.

Si donc, on croit qu'il suffit de se comporter en enquêteur objectif pour obtenir, presque mécaniquement, une première commande, en réalité, on se trompe. L'information objective recueillie doit permettre une interprétation.

Un exemple éclairera la réflexion qui précède : si le responsable des achats de l'entreprise prospectée expose au chargé de prospection quel est l'organigramme, quelles sont les procédures de décision d'achat, quels sont même les critères d'achat, il n'a pas encore tout révélé. Il n'indique pas en quoi la décision de changer de fournisseur peut le concerner, si elle peut être gênante pour lui ou si elle est indifférente, s'il peut, à la suite du changement de fournisseur et de produits, y avoir des répercussions favorables ou indésirables pour lui personnellement. Peut-être est-ce son prédécesseur, devenu aujourd'hui son patron, qui a choisi le fournisseur que l'on s'efforce de réduire, voire d'éliminer ? Quelle sera alors la réaction de ce supérieur hiérarchique ? Comment faire pour la neutraliser ou la retourner en notre faveur si elle doit être négative ?

On peut être tenté de penser que vendre (et spécialement en situation de prospection) est terriblement compliqué. Terriblement ? Non. Vendre est un métier qui demande beaucoup plus d'intelligence qu'on ne le croit habituellement – y compris au sein même de la population des commerciaux.

LE PLAN DE DÉCOUVERTE

Les objectifs du plan de découverte

Que faut-il arriver à savoir d'une entreprise pour devenir rapidement un de ses fournisseurs ? Une entreprise est une organisation (un effectif de personnel, une implantation, des bâtiments et des machines, un savoir-faire) inscrite dans un environnement (marché local ou international, courants socioculturels porteurs, décisions des pouvoirs publics), disposant en général d'un certain nombre de fournisseurs – souvent concurrents entre eux –, et tendue vers l'atteinte d'objectifs (financiers, humains, de puissance et de performance) qui servent de repères à sa mise en mouvement.

Cette description à grands traits d'une entreprise, si elle est logique et classique, ne permet cependant pas de parvenir à une compréhension suffisante de ce que le chargé de prospection devra dire et faire pour parvenir à un accord. Son plan de découverte va donc comporter :

- d'une part, une liste d'informations que nous appellerons objectives et descriptives. C'est l'aspect *signalétique* de la découverte ;
- d'autre part, des questions permettant d'interpréter la situation objectivement rencontrée. C'est l'aspect de *compréhension de la situation* rencontrée.

L'exemple d'une entreprise du secteur tertiaire

Le chargé de prospection d'une entreprise qui vend des services (information, assurance, conseil, etc.) abordant une entreprise industrielle va collecter plusieurs catégories d'information :

• Identité de l'entreprise	Nom
	Adresse, téléphone, fax, e-mail, site Internet du siège
	Autres implantations géographiques
	Forme juridique
	Organigramme
• Profil de l'entreprise	Aspect des locaux
	État du parc de véhicules
	Style de comportement du personnel
	Ambiance de travail
• Contexte économique	Activités, fabrication
	Chiffre d'affaires, marge
	Santé financière
	Place sur son marché, part, rang
	Ses concurrents
	Part de l'exportation
	Projets

- Profil des interlocuteurs rencontrés

Profil psychologique
Niveau d'études (études supérieures, self made men)
Origines familiales, sociales, ethniques[a]
Ancienneté dans la fonction
Position dans l'organigramme et poids dans la décision[b]

- Pratique du service proposé

Degré de compétence des personnes concernées
Opinion sur le service considéré
Relations avec le prestataire actuel
Y a-t-il fréquemment des remises en cause du ou des prestataires en place ?
Quelles sont les suites données à une remise en cause ?
Quelle est la procédure de remise en cause (appel d'offres, jeu de relations) ?
Qui rédige le cahier des charges ?
Que se passe-t-il à l'issue de la procédure de remise en cause ?
Qui a choisi le prestataire en place ? Quand ? Pourquoi ?
Existe-t-il des liens humains préférentiels ?
Quel est l'âge de l'intervenant chez le prestataire de service ? Où exerce-t-il préférentiellement ses activités ?
Quelle est la fréquence des contacts entre le prestataire et l'entreprise ?
Pourquoi l'entreprise changerait-elle de partenaire pour cette prestation de service ?
Quelles seraient les répercussions dues à un changement de prestataire de service ?
L'interlocuteur, s'il en a le pouvoir, envisage-t-il de dire ouvertement à son partenaire actuel que leur collaboration s'achève ? Quelles seront les réactions prévisibles de ce prestataire de service ?

a. Il est aussi important de savoir que l'on a affaire à un Auvergnat, un Méridional ou un Breton, qu'à un Juif pied-noir ou à un Malgache. Il s'agit là de perception des différences et non d'une quelconque discrimination raciale.

b. L'organigramme décrit les hiérarchies et les relations existant officiellement dans une société. Le sociogramme définit la réalité des relations et tente de cerner les jeux d'influences entre individus au sein du groupe humain de l'entreprise. On comprend que le sociogramme soit infiniment plus exploitable que l'organigramme quand on veut exercer une influence.

COMMENT OBTENIR LES INFORMATIONS ?

Si l'entreprise prospectée détient toute l'information nécessaire, il n'est pas inutile de recommander de procéder d'abord à une recherche d'informations extérieures : articles de presse, conversations avec des tiers, études déjà réalisées par des organismes publics ou privés. Cela allégera d'autant le temps de découverte lors du ou des entretiens de prospection.

Activez votre service de renseignements

Quand, pendant la seconde guerre mondiale, les Alliés ont en 1943-1944 préparé le débarquement en France, ils disposaient d'une information géographique et militaire de première main qui leur a permis de définir avec minutie comment ils allaient procéder et entraîner les bataillons arrivés par air et par mer aux difficultés particulières qu'ils trouveraient au sol.

La sûreté de l'information et sa précision sont des atouts de première grandeur pour le chargé de prospection. À cet effet, organisez et déclenchez une collecte d'informations sur vos prospects.

Les sources sont multiples :

• consultation du site Internet du prospect s'il en a créé un ;

• articles parus dans la presse locale et nationale, dans les magazines économiques ;

• monographies sur certaines branches industrielles et des services publiées par l'Insee et les magazines économiques ;

• enquête téléphonique que vous effectuerez vous-même, ou que vous confierez à des étudiants en stage dans votre entreprise.

L'enquête téléphonique auprès du responsable de la communication de l'entreprise prospectée (on vous orientera peut-être vers la direction générale), nécessairement courte, portera sur une question d'actualité (pour faciliter l'admission et la réponse à l'enquête), suivie de questions d'identification (ces dernières informations seront utiles pour aborder en connaissance de cause l'entreprise prospectée).

Internet est un bon thème d'ouverture :

- *« Avez-vous un site Web ? »*
- *« Comment le faites-vous connaître ? »*
- *« Qu'en attendez-vous ? »*
- *« Vous êtes-vous lancé dans l'e-commerce ? Avec vos clients ? Avec vos fournisseurs ? »*
- *« Quelles sont les questions encore mal résolues ? »*

Puis, vous élargissez aux sources d'information du prospect (presse technique, salons professionnels, visites des fournisseurs, Internet) et les types d'informations recherchées aux services attendus des fournisseurs en général, aux critères de choix des fournisseurs et des produits.

Achevez cette brève enquête par l'identification des noms des titulaires des fonctions qui vous intéressent (ou par la vérification des informations que vous possédez déjà si vous avez suivi nos conseils du chapitre 2).

Le recueil d'informations lors des entretiens

La collecte d'informations au cours du ou des entretiens de prospection se fera en utilisant les techniques classiques d'interview[1]. On n'oubliera pas de donner un tour attrayant à la découverte. C'est un des buts poursuivis par le début de l'entretien. C'est également à cet objectif que correspondent les questions dont nous donnons quelques exemples dans l'encadré ci-dessous.

Nous percevons fréquemment une certaine difficulté des commerciaux à pratiquer l'interview et observons une tendance générale à poser des questions fermées. Or, une succession de questions fermées « dessèche » l'entretien et le fait rapidement

---

1. Consulter à ce sujet *Les techniques de la vente, op. cit.* et *L'essentiel de la vente, op. cit.*

tourner court. Ce sont les questions ouvertes qui incitent le prospect à se livrer. Les questions présentées ci-après n'ont rien d'exemplaires : elles illustrent seulement nos propos.

LES « BONNES QUESTIONS » À POSER À UN PROSPECT

Les questions ouvertes

* « Pour l'examen de ce matériel, à qui me conseillez-vous de m'adresser chez vous ? »

* « Avez-vous déjà eu l'occasion de travailler avec… (notre société) ? »

* « Que pensez-vous de… (notre société) ? »

* « Je ne vois chez vous que la marque M… Pourquoi une seule marque ? Pouvons-nous parler de votre politique d'achat et d'assortiment ? »

* « Vous avez un assortiment très diversifié. Comment l'expliquez-vous ? Quelle marque préférez-vous ? Pourquoi ? »

* « Comment se répartissent globalement vos ventes par marque ? Quels sont les ordres de grandeur ? »

* « Quels genres de clientèle recevez-vous ? »

* « Quelle cylindrée (modèle, article) vendez-vous le plus ? »

* « Quels produits préférez-vous vendre ? Pourquoi ? »

* « Pouvez-vous me parler de votre organisation commerciale ? Qu'en pensez-vous ? »

* « Quel est pour vous le fournisseur idéal ? Lequel de vos fournisseurs peut-il être considéré comme idéal ? »

* Traitez-vous dans l'année moins de vingt appareils ? Entre vingt et cinquante ? Plus de cinquante ? »

* « Nous avons envie de travailler avec vous. Mais si nous concluons par un accord, que représentera… (notre société) pour vous ? »

Les questions habiles

Soyez inventif. Posez les questions que vos concurrents ne pensent pas à poser :

* « Quelle est la philosophie de votre entreprise ? »

* « En quoi votre entreprise se distingue-t-elle de son principal concurrent ? Et des autres ? »

- « Quelles conditions faut-il remplir pour devenir un fournisseur régulier ? »
- « Qu'aimeriez-vous améliorer chez votre fournisseur actuel ? »

Faire parler le prospect avec le « Guignol lyonnais »

Guignol, vous le savez sans doute, est une institution lyonnaise de la fin du XVIIIe siècle, dont les marionnettes commentaient l'actualité, notamment politique, sur le ton de la moquerie auprès d'un public d'adultes (Guignol, à ses origines, pourrait être comparé à nos actuels chansonniers). Au début de la séance, le marionnettiste sondait la salle pour orienter ensuite ses propos et plaisanteries.

C'est cette fonction d'expression que nous vous proposons de réaliser sous la forme d'un visuel illustrant des situations d'utilisation de nos produits ou des difficultés nées de leur absence – que les pages soient imprimées sur feuilles de papier ou qu'elles apparaissent sur l'écran de votre ordinateur portable.

Ces illustrations mettent en situation les applications des produits du fournisseur et les questions que ces derniers ont permis de résoudre avec succès.

Le texte est sobre, voire inexistant.

Ce visuel est destiné à faire réagir l'interlocuteur :

- *« Tiens, vous avez de l'expérience dans ce domaine… j'aimerais que vous m'en parliez. »*

Ce support n'est pas un argumentaire, mais vous l'avez compris, il est un support de découverte. Il incite votre interlocuteur à se projeter dans les situations exposées, et à révéler ainsi que son entreprise est exposée à la même problématique que vous savez précisément résoudre.

LES CAS, *SUCCESS STORIES* DE VOTRE ENTREPRISE

Ce même « Guignol lyonnais » vous permet de présenter des cas de réalisations que votre entreprise (ses techniques, ses chercheurs, ses produits) a résolu pour la plus grande satisfaction de ses clients.

Quel est l'intérêt de la présentation de ces cas ?

Un cas est une histoire *vraie*. C'est une histoire *proche*. C'est parfois l'histoire même du prospect, ou du moins ce qu'elle pourrait devenir si la question sur laquelle il se penche sans véritable succès trouvait, grâce à vous, sa solution.

Certes, les cas présentés sont des « success stories » ; il ne s'agit pas ici de vanter vos mérites, mais de centrer la conversation sur des questions de même nature auxquelles est confrontée l'entreprise prospectée et sur les solutions que votre entreprise est susceptible d'apporter aux questions mal résolues aujourd'hui chez le prospect.

L'exposé de ces cas favorablement résolus n'est pas réservé au visuel dit « Guignol Lyonnais ». Il peut faire l'objet d'un ou plusieurs messages de prospection (se reporter au chapitre 3).

COMMENT PRATIQUEZ-VOUS LA DÉCOUVERTE DU PROSPECT ?

Il ne suffit pas de connaître les « bonnes questions », ni de les poser, pour être certain d'obtenir les réponses indispensables pour mieux comprendre le prospect et donc être à même de le convaincre.

À travers vous, à travers votre comportement, votre interlocuteur perçoit-il que vous vous sentez de plain-pied avec lui ? Peut-il se considérer comme un partenaire potentiel (au même titre vous voudriez l'envisager comme client potentiel) ? Sent-il que vous établissez, au nom de votre entreprise une relation DE PUISSANCE À PUISSANCE ?

Votre manière d'être, votre ton, le choix des mots que vous employez ne vous font-ils pas apparaître comme un solliciteur, comme un personnage trop humble ? Ou encore, à l'extrême opposé (souvent par compensation de ce qui vous semble être une faiblesse), ne vous comportez-vous pas en seigneur à qui tout est dû, même un personnage trop fier ?

Que croyez-vous que vos prospects pensent de vous une fois le premier entretien terminé ? Lui êtes-vous apparu comme un professionnel, qui a manifesté un intérêt personnel à la situation rencontrée, qui a écouté avec une attention soutenue, dont il a perçu qu'il avait une solution intéressante pour lui à proposer ?

On ne vous accorde qu'un temps limité pour le premier entretien ? « Mettez le paquet » sur la découverte. Car ainsi vous disposerez d'informations importantes pour justifier un deuxième entretien.

Une découverte n'est pas une conversation sans but, aussi intelligente soit-elle, ni non plus un reportage sur un client. Elle dissimule aux yeux du prospect la manœuvre que l'on appelle souvent « l'entonnoir de la découverte ».

L'ENTONNOIR DE LA DÉCOUVERTE

Derrière son apparence aimable, objective et altruiste, la découverte est en réalité une manœuvre dialectique. Cette manœuvre commence par un large tour d'horizon (spécialement lors du premier entretien de prospection) destiné à détecter les besoins mal satisfaits, donc les voies possibles d'infiltration du produit ou du service que l'on vend.

Quand une *voie* est ainsi trouvée, l'investigation resserre progressivement le champ de recueil d'informations, de manière à mettre en évidence le problème qui se pose à l'interlocuteur.

Il s'agit d'une mise en dramatisation du besoin mal satisfait, en confrontant l'interlocuteur aux conséquences insatisfaisantes de certains aspects de la solution actuelle.

Voici un exemple, emprunté à une situation de vente d'un système de régulation de chauffage à un particulier :

Vendeur	– Quel est votre mode de chauffage ?
Client	– Le chauffage central à eau chaude.
Vendeur	– Comment régulez-vous ce chauffage ?
Client	– Par des thermostats.

Vendeur – Avez-vous observé comment se diffuse la chaleur ? Qu'en pensez-vous ?

Client – Euh il y a des à-coups tantôt il fait trop chaud, tantôt il fait trop froid.

> Le chargé de prospection ne critique pas ouvertement l'inconvénient du thermostat. Il fait simplement parler le prospect de ce qu'il a observé.

Vendeur – Si je comprends bien, vous aimeriez en conservant votre installation actuelle, obtenir un chauffage sans à-coups, plus efficace (19° dans chaque pièce) tout en limitant votre dépense de fuel.

Client – Oui.

Vendeur – Il y a deux solutions envisageables :
Première solution, une régulation en fonction de la température intérieure. Ses principaux avantages sont :
– l'économie d'énergie ;
– le confort : environ 19° avec une variation d'excédant pas + 1° à – 1°,
– la déductibilité fiscale ;
– la très grande longévité.

> Le chargé de prospection suggère qu'il existe une meilleure solution et appâte le prospect.

Vendeur Seconde solution, une régulation en fonction de la température extérieure avec les avantages suivants :
– le confort total : 19° imperturbablement, quelle que soit la température extérieure ;
– également l'économie d'énergie ;
– et aussi la déductibilité fiscale.
Le prix de cette solution est sensiblement plus élevé : 1 200 euros. Qu'en pensez- vous ?

> LLe chargé de prospection expose une seconde solution, placée là en repoussoir pour favoriser la première solution.

QUEL EST LE PROBLÈME MAL RÉSOLU ?

N'oubliez jamais ! En prospection – comme en entretien de vente avec un client acquis –, toutes vos facultés doivent être tendues vers la recherche du « problème mal résolu » actuellement chez le prospect.

Ce n'est pas le nom prestigieux de votre entreprise, ni la qualité de ses références, ni l'importante liste de ses clients qui feront décider votre prospect en votre faveur : c'est la meilleure réponse que vous apporterez à ce « problème mal résolu », c'est-à-dire une solution mieux présentée que celle du concurrent en place et des éventuels autres solliciteurs.

Le « problème mal résolu » a souvent une double dimension :

• objective, logique ;
• subjective, émotionnelle, psychologique.

Pour détecter le problème mal résolu

Quand l'utilisation du principe du « Guignol lyonnais » n'est pas envisageable, il est possible que le « problème mal résolu » n'apparaisse pas lors de la découverte verbale de l'entreprise. Demandez qu'on vous décrive, et mieux, qu'on vous montre la marche de votre type de produit chez le prospect (en prétextant par exemple que cette connaissance du circuit suivi vous permettra de proposer un service plus précis). Profitez de cette visite pour vous créer de nouvelles relations qui seront ultérieurement sources d'informations, voire d'appuis, pour la conduite de vos négociations.

Dialoguez en connaisseur, montrez que vous êtes un expert

Pendant votre découverte, si vous voulez vous faire apprécier par votre prospect comme quelqu'un qui connaît son métier, émaillez les réponses que vous obtenez de sa part de comparaisons, d'appréciations, de chiffres repères ; vous montrez ainsi à votre interlocuteur qu'il a en face de lui un expert, un commercial qui a l'intelligence de son métier, nous voulons dire, une vue large. Non seulement vous intéresserez votre interlocuteur qui n'a pas toujours les moyens de comparer toutes les performances de son entreprise à celle de ses confrères, mais de plus, vous changerez considérablement le climat de l'entretien.

Comment faire pour dialoguer en connaisseur, quand on a encore peu d'expérience, pour parvenir rapidement à ce niveau de connaissance et à ce degré d'expertise ?

DIALOGUER EN CONNAISSEUR

- Écoutez ce qui se dit, regardez ce qui se passe chez vos clients actuels.
- Prenez des notes.
- Profitez des démonstrations et des essais pour manipuler vous-même les matières, les produits et les appareils, et pour interroger ceux qui détiennent la connaissance, le savoir et l'expérience.

COMMENT CENTRALISER L'INFORMATION ?

Nous sommes sidérés par l'immense déperdition d'information qui se produit entre ce que recueille le chargé de prospection et ce qui est transmis sous quelque forme que ce soit à l'entreprise. Il est donc indispensable de disposer d'un recueil central des informations collectées sur chaque prospect, du moins si celui-ci a une certaine importance. Nous l'appelons la « *monographie du prospect* ».

À la recherche de l'interlocuteur valable

Vous êtes bien conscient que vos démarches de prospection ne se limitent pas à la production de « fiches de contact » plus ou moins remplies.

Toute démarche de prospection a pour but de transformer à terme le prospect en client.

Cependant, ce passage à la décision de changer de fournisseur et de produit chez le prospect, il faut en observer les effets à l'intérieur du « centre d'achats », c'est-à-dire la structure humaine de la décision.

Ce changement de fournisseur et de produit, s'il a lieu, va avoir des conséquences : par votre action de vente, vous cassez les habitudes, vous modifiez certains circuits internes. Il y aura des personnes favorables (qui ?), il y aura des adversaires (qui ?).

Il est important de situer les alliés potentiels et ceux qui sont hostiles à votre offre. Il est aussi important de situer qui va arbitrer le débat entre eux pour choisir votre position ou celle d'un concurrent.

Ce décideur – qui n'est pas nécessairement celui qui signera le bon de commande – est au carrefour de plusieurs influences. À vous de vous faire décrire qui est concerné par la décision à prendre, qui est concerné par les effets de cette décision, qu'ils soient favorables ou qu'ils s'y opposent. En pratique, ne limitez pas votre relation au seul acheteur, car votre position serait fragile, spécialement si son pouvoir de décision est inexistant.

La plupart des décisions en entreprise sont prises collégialement. Chaque intervenant n'exerce pas la même influence. Pour détecter le réseau de prise de décision il faut songer à poser cinq questions.

LES « 5 QUI »

- Qui décide ?
- Qui achète ? (qui administre les commandes ?)
- Qui paie ? (qui finance, qui ouvre la ligne budgétaire ?)
- Qui utilise ?
- Qui prescrit ? Quel est le réseau officiel ou officieux ? Quels sont les agents d'influence ?

La monographie du prospect

Il existe dans la plupart des entreprises, surtout lorsqu'on s'adresse aux plus importantes, un réseau de prise de décisions souvent complexe.

Démêler l'écheveau des influences réelles, la structure réelle – ce qu'on appelle « sociogramme » et qui diffère parfois sensiblement de l'organigramme distribuant officiellement les fonctions et les domaines de responsabilités –, demande une subtile perspicacité[1].

Le dessin du sociogramme, le recueil des noms de ceux qui influent et de la sensibilité des décideurs, prescripteurs, acheteurs, payeurs, utilisateurs, à telle ou telle influence, demande à être recueilli et conservé.

C'est la fonction de la « monographie » du client de recueillir et d'organiser cette information pour mettre en évidence ce qu'il est indispensable de savoir afin que les négociations aboutissent.

La monographie du prospect recense :
- le réseau de décision ;
- qui influence qui ;
- à quoi chacun est-il sensible.

Si l'on raisonne en intégrant l'informatique, la collection des monographies de prospects devient une banque de données centralisée sur les prospects.

Pour constituer un ensemble de monographies de prospects, il faut répondre à trois questions :

- quel contenu ?
- quelle présentation ?
- quelles sont les contraintes et les questions à résoudre ?

---

1. Se reporter à *Vendre aux grands comptes, op. cit.*

Contenu

Nom du « chargé de prospection ».

Origine du contact (qui ? quelles circonstances ?).

Chronologie des contacts (dates ? par qui ?). La date et le nom renvoient au compte rendu de visite émis. À défaut, celui qui voudra être renseigné pourra s'adresser au collaborateur mentionné.

Fiche signalétique du prospect (identité et profil de l'entreprise, contexte économique).

Sociogramme et informations concernant les interlocuteurs rencontrés.

Compte rendu des visites successives. Il relate essentiellement :

• le ou les objectifs de la visite ;

• les résultats acquis ;

• les promesses faites, leur volume, leur échéance ;

• les actions à entreprendre (par qui, à quelle date doivent-elles être réalisées ?).

Concurrence en place (points forts, points faibles).

Date du prochain contact. Quel est son objectif ? Qui doit l'assurer ?

Présentation

Quand l'entreprise ne gère pas par l'informatique les données de la monographie du prospect, on aura recours à une chemise cartonnée, avec deux rabats, l'un vertical, l'autre horizontal, en page 3, pour tenir les différentes informations collectées sur le prospect (feuilles de compte rendu, doubles de correspondance, devis, coupures de journaux, etc.).

La disposition graphique de la première et de la deuxième page comporte un certain nombre de cases, avec ou sans intitulé, par groupes d'informations concernant l'entreprise.

Dans la mesure où une information est fluctuante ou peut être complétée, certaines notes seront prises au crayon.

Contraintes et questions à résoudre

Le principe de la monographie de prospect, qu'elle soit tenue manuellement ou informatisée, nécessite une centralisation du classement des monographies.

L'ouverture et la tenue à jour de la monographie sont effectuées par le chargé de prospection, selon le principe « un prospect, un chargé de prospection ».

On ne peut pas concevoir une monographie sans s'astreindre à l'émission de comptes rendus après chaque visite du prospect, surtout si plusieurs personnes du fournisseur prennent simultanément des contacts avec des personnes différentes chez le prospect en raison de leur spécialité.

12

Pour déjouer les pièges
du premier entretien

Il faut nous arrêter un instant pour réfléchir à un certain nombre
de difficultés que le chargé de prospection peut rencontrer,
notamment lors du premier entretien. Ces difficultés peuvent être
provoquées par le prospect lui-même, volontairement ou non.
Ces difficultés peuvent aussi trouver leur origine au sein de votre
propre société.

« MONSIEUR, JE VOUS ÉCOUTE »

L'un des obstacles les plus courants est signalé par un propos
souvent entendu dans la bouche d'un prospect. Il vous dit d'un
ton parfois neutre, parfois agacé, parfois ironique :

- « *Qu'avez-vous à me dire ?* »

- « *Je vous écoute.* »

- « *Établissements Canut, et alors ?* »

- « *Parlez-moi de vos produits…* »

- *Etc.*

Cette phrase est immédiatement accompagnée d'un silence.

Ne vous attachez pas trop au ton employé par votre interlocuteur.
Comprenez-le aussi. Il ne vous connaît pas. Il s'attend à vous
entendre débiter votre boniment, comme tant d'autres représentants l'ont fait avant vous. D'où son agacement ou son ironie.
Votre comportement, votre façon de refuser de tomber dans ce
piège peuvent rapidement changer l'humeur du prospect.

Si, en revanche, vous répondez à la sollicitation du prospect (« Qu'avez- vous à me dire ? »), parce que vous êtes décontenancé, inévitablement vous allez présenter vos avantages, ce qui vous distingue favorablement, selon vous, de vos concurrents. Le prospect vous entendra dire : « Nous sommes ceci, les meilleurs en cela, nous… nous… » etc. Et après quelques minutes, votre interlocuteur se lèvera, clora l'entretien – parfois aimablement – en pensant que vous êtes très satisfait de vous-même, de votre entreprise et de vos produits, mais que cela ne le concerne pas. Temps perdu pour vous et pour lui.

Ce prospect discret n'est pas nécessairement hostile à votre proposition. Cependant, son « Je vous écoute » lui permet de se placer en retrait. Il ne se livre pas. Parfois, par jeu, et ce jeu ne va pas très loin, du seul fait du prospect, il essaie de vous mettre à l'épreuve (c'est un comportement plus fréquemment observé auprès des jeunes vendeurs et auprès des femmes chargées de prospection).

Ce comportement du prospect peut provenir aussi, simplement de sa timidité ou de sa réserve naturelle. Ce peut être également une tactique (« J'observe d'abord et je me découvre ensuite »).

Mais la plupart du temps, l'acheteur a été façonné par l'habitude de recevoir des vendeurs qui soliloquent. Il pense que vous êtes comme les autres.

Or précisément, vous n'êtes pas comme les autres. Et vous allez retourner cette situation à votre profit.

LE PROSPECT CHERCHE À VOUS INTIMIDER

Nettement plus chargé d'intentions agressives est le comportement de certains acheteurs qui s'entourent d'une véritable mise en scène destinée à créer une distance entre eux et vous. On dirait qu'ils cherchent à vous dominer, à s'imposer à vous par des moyens artificiels : votre fauteuil est plus bas que le leur, le lieu de réception est d'importante dimension et une longue table vous sépare, vous êtes placé en contre-jour, ou inversement, l'acheteur se dissimule dans une sorte de pénombre savamment organisée. Nous partageons votre point de vue si vous pensez, face à ces cas encore répandus, que décidément cet acheteur-là doit se sentir bien fragile pour s'entourer d'autant de douves, d'échauguettes et de mâchicoulis.

Comment déjouer ce genre de comportement ? Nous pensons qu'avec le doigté de votre bonne éducation et une touche d'humour, vous laisserez entendre que vous n'êtes pas dupe de ces manœuvres subalternes :

- *« Pardonnez-moi, monsieur, mais à une telle distance ne nous faudra-t-il pas un mégaphone pour parler l'un à l'autre ? »*

Ne pas accepter la situation créée sans marquer le coup est déjà une façon de vous distinguer de ceux qui auront accepté ce dispositif sans broncher, ou pire en se laissant faire et en traduisant par là qu'ils acceptent la domination de l'acheteur.

LE PROSPECT EST DÉRANGÉ. IL S'OCCUPE D'AUTRE CHOSE

Certains prospects, quand ils vous reçoivent, sont agités par une multitude d'activités : un collègue vient sans façon vous interrompre, en vous priant de l'excuser ou non, son assistante fait irruption, il n'interrompt pas les appels téléphoniques, il signe son courrier en ajoutant :

- *« Parlez, parlez, je vous écoute. »*

Ces situations sont inacceptables : la *séance de travail* qu'est un premier entretien de prospection – comme les suivants, du reste –, demande, pour être correctement conduite, un échange sans incursions permanentes de l'extérieur.

Peut-être cette situation signifie-t-elle que le chargé de prospection ne s'est pas imposé dès le début de la visite pour créer une relation d'égalité, un entretien de *puissance à puissance*.

Mieux vaut, au risque de susciter une réaction d'humeur de la part du prospect, observer ouvertement que les conditions pour un échange ne sont pas remplies, et qu'il est préférable de prendre rendez-vous à un moment où les deux personnes en présence pourront dialoguer sans perturbations. Ce qui est une manière de s'imposer.

> Être au service de la clientèle, ce n'est pas se comporter en tapis-brosse. Se mettre à plat ventre devant les clients et les prospects, sous prétexte qu'ils ont le pouvoir de contrecarrer vos affaires, est le plus sûr moyen d'attirer leur mépris.

Et vous n'achevez pas votre entretien sans avoir défini la date, le lieu et l'heure du nouveau rendez-vous.

La plupart des prospects, heureusement, se rendent compte que les dérangements sont préjudiciables à votre entretien. Ils donnent alors instruction à leur assistante et à la standardiste de ne pas transmettre d'appels téléphoniques jusqu'à une certaine heure. Vous remerciez alors d'une parole ou d'un geste courtois.

Cependant, il arrive que le prospect soit géographiquement éloigné et il n'est pas certain que, lors du rendez-vous suivant, la situation se sera améliorée. Armez-vous de patience et après chaque interruption, résumez ce qui a été dit et faites le point où en était resté l'entretien.

Ces interruptions présentent aussi l'avantage de vous laisser du temps pour compléter vos notes et pour réfléchir.

LE PROSPECT EST ABSENT AU RENDEZ-VOUS CONVENU

Pour éviter que le prospect ne soit absent au rendez-vous pourtant défini en commun, nous ne connaissons que deux parades :

* faire noter par le prospect, à côté de votre nom, votre numéro de téléphone pour qu'il puisse vous prévenir en cas de nécessité subite de déplacement ou d'absence ;
* vérifier juste avant de partir que votre visite est toujours attendue, quand le rendez-vous a été fixé longtemps à l'avance ou qu'il nécessite un déplacement important.

L'ATTENTE EXCESSIVE

Vous avez pris rendez-vous avec un prospect. Vous êtes arrivé à l'heure. On vous a annoncé. Et commence une longue attente. Que faire ?

Cet incident peut avoir deux origines :

* soit votre interlocuteur a, pour des raisons diverses, pris du retard. En général, il vous le fait savoir et vérifie qu'une attente, dont la durée est précisée, ne gêne pas votre propre programme de rendez-vous. Sa démarche est courtoise ;
* soit votre interlocuteur ne se manifeste pas. On peut supposer que votre efficacité lui est indifférente et qu'il se moque d'être discourtois. Probablement pense-t-il que ses fournisseurs potentiels ne méritent pas d'attention particulière.

Comment réagir à ces différentes situations?

Nous pensons que le bon raisonnement consiste à penser que ce n'est pas votre personne que l'on fait attendre, mais votre entreprise. Nous nous rendons compte qu'il s'agit, ici encore, du procédé pitoyable d'un acheteur qui abuse de sa position pour humilier les vendeurs (« Je les ai à ma botte et ils en redemandent ! »). Hélas ! il y a encore dans les entreprises et les administrations, trop de ces petits chefs qui se consolent de la médiocrité de leur existence, en passant leur humeur sur les fournisseurs ou sur le personnel d'exécution.

Votre efficacité, c'est-à-dire la maximisation de vos face-à-face avec vos clients et avec vos prospects commande de réduire autant que possible les attentes, par définition improductives.

Dans les deux cas de figure qui précèdent, après dix à quinze minutes d'attente, faites valoir à l'assistante qui vous a annoncé que vous ne voulez pas être en retard pour le rendez-vous suivant et proposez une autre date (en fonction de votre programme de visites ultérieur).

Utilisez les temps d'attente pour travailler. Par exemple, en ayant un réservoir de lecture de revues techniques. Quand votre interlocuteur vous recevra, qu'il vous ait prié de l'excuser ou non, pour montrer que votre temps est précieux et que vous utilisez tous les temps de disponibilité, parlez-lui de la lecture que vous venez de faire et de ce que vous en pensez, ce qui peut constituer une intéressante entrée en matière.

Surtout ne vous emportez pas. Restez courtois en toutes circonstances, par exemple pour annoncer au terme d'une attente d'une demi-heure (pour un entretien qui n'aurait pas excédé trois quarts d'heure) vous ne voulez pas être en retard au rendez-vous suivant et vous proposez qu'on définisse le jour et l'heure d'un autre rendez-vous. Accepter une attente d'une durée excessive augurerait mal du courant d'affaires que vous voulez établir entre votre entreprise et ce prospect.

LES DIFFICULTÉS CRÉÉES PAR L'ENTREPRISE QUI PROSPECTE

Chacun est convaincu que la prospection est une activité difficile. Certaines entreprises, par souci d'aider les vendeurs ou pour obtenir une plus grande efficacité, instituent la prospection à deux personnes, l'une étant chargée de soutenir – et peut-être de surveiller – l'autre.

Nous ne sommes pas certain que cette prospection coûteuse (deux salaires au lieu d'un seul) ne constitue pas un obstacle pour l'entreprise qui agit ainsi.

En effet, que peut bien penser un prospect qui reçoit deux visiteurs de la même société ? N'est-elle pas très riche, ou alors mal gérée, cette société, pour mobiliser deux personnes pour un résultat aléatoire, alors que dans sa propre entreprise, les commerciaux travaillent seuls ? À moins qu'il n'en déduise que ses visiteurs voulaient à tout prix s'imposer à lui par une prospection puissante ? Ce qui peut susciter autant de réactions de rejet.

13

Le deuxième entretien de prospection et les entretiens suivants

Le chargé de prospection, même s'il a fait bonne impression à son interlocuteur lors du premier entretien, même s'il a conduit ce premier entretien conformément à nos recommandations, n'a pas encore gagné la partie. Au mieux, on peut écrire que la situation est ouverte. En effet, le prospect a pu être intéressé et même séduit au cours de sa première rencontre avec le vendeur, mais il n'est encore pour lui qu'un éventuel fournisseur. Il aura apprécié le personnage du vendeur, spécialement s'il a perçu une individualité possédant quelques-unes des caractéristiques présentées dans le chapitre 6 de ce livre : un bon professionnel, sympathique, à la personnalité affirmée.

AFFRONTER LE SCEPTICISME DU PROSPECT

Mais, une fois le chargé de prospection parti, l'enthousiasme, ou même simplement le plaisir suscité par cette première rencontre, risque fort de s'atténuer. « Après tout, pense vraisemblablement le prospect, n'ai-je pas eu affaire à un homme habile ? Il m'a fait parler d'abondance ; je dois dire que son comportement m'a incité à lui apporter de nombreuses explications. Mais au fond que m'a-t-il proposé ? Qu'a-t-il dévoilé de ses intentions ? Peu de chose à dire vrai. Attendons la suite. »

Ainsi, aussi bien disposé soit-il, le prospect se montre sceptique. Pour peu qu'il ait une longue expérience des hommes, et spécialement des représentants, il est cuirassé contre les promesses alléchantes dont il attend toujours la concrétisation, contre les annonces séduisantes qui se révélaient bien décevantes, quand elles n'étaient pas purement et simplement fallacieuses.

PAS ENCORE À L'ABRI DE L'OUBLI ET DE LA CONFUSION

Il faut observer aussi que, quelle que soit votre personnalité, vous pouvez vous trouver en face d'un personnage surchargé de préoccupations, occupé, peu perméable à autrui et qui, en définitive, n'aura prêté qu'une attention distraite à votre entretien, même s'il vous a permis de le découvrir, au moins partiellement. Est-il sincère ou est-ce un jeu ? Vous percevez que ce prospect « semble » vous avoir oublié. Le chargé de prospection perçoit cet oubli avec humiliation (« eh quoi ! je ne suis pas un personnage si falot »). Il ne faut pourtant pas exclure cet état de fait. Une variante de l'oubli consiste pour le prospect à vous confondre avec un autre.

Scepticisme, oubli, confusion, parfois encore indifférence, on comprend que ce deuxième entretien de prospection que l'on pouvait penser plus facile que le premier, mérite, pour affronter ces difficultés, une vigilance aiguë et une solide préparation.

Préparation d'autant plus solide qu'il n'est plus question maintenant de poursuivre uniquement la découverte (du moins dans la plupart des cas). Le prospect attend que vous lui présentiez une ou plusieurs solutions, ou à tout le moins une étape vers cette ou ces solutions.

COMMENT COMMENCER LE DEUXIÈME ENTRETIEN ?

Le deuxième entretien de prospection, contrairement au premier, principalement centré sur la découverte de l'entreprise prospectée, va vraisemblablement se dérouler selon un plan complet avec ses huit phases : prise de contact, découverte, synthèse de la découverte, proposition, argumentation, traitement des objections, conclusion et prise de congé.

Deux particularités seront signalées, inspirées par les considérations qui précèdent sur l'état du prospect au moment de la deuxième rencontre : elles concernent la prise de contact et la découverte.

Prise de contact

La prise de contact du deuxième entretien ne sera pas tout à fait identique à celle du premier entretien (salutation, création de l'ambiance, présentation du chargé de prospection et de sa société, identification de l'interlocuteur, explication du but de la visite).

Pour commencer ce deuxième entretien, le chargé de clientèle va naturellement saluer, sourire et exprimer son plaisir de se retrouver en face de son interlocuteur. Inutile d'identifier l'interlocuteur, ce serait une maladresse de ne pas le reconnaître. En revanche, il est judicieux, pour contrecarrer le risque d'oubli, de rappeler qui on est et à quelle société on appartient. On achèvera l'introduction par l'explication de l'objet de la visite.

Le chargé de prospection pourra dire, par exemple :

- *« Bonjour monsieur.*

- *Je pense que vous vous souvenez de moi, Jean-Jacques Assis, de la compagnie d'assurances "La Saintongeaise". Nous étions convenus de nous revoir vers la mi-septembre pour vous présenter le résultat de nos réflexions, à la suite de notre premier entretien. »*

Actualisation de la découverte

Il serait imprudent d'agir comme si rien ne s'était passé entre le premier entretien et l'entretien actuel, comme si le deuxième faisait *immédiatement* suite au premier.

Entre-temps, la situation évoquée par le prospect a pu évoluer. En préparant sa proposition, le chargé de prospection a réfléchi aux données recueillies, et au cours de cette réflexion, soit conduite en solitaire, soit avec la participation de techniciens, on a pu interpréter et dévier de l'optique propre au prospect.

Il est donc essentiel de vérifier l'actualité du soubassement de la construction qu'on a l'intention de présenter. Cette reprise de la découverte (sous la forme d'une reformulation-résumé), outre le contrôle de la bonne compréhension de ce qui a été précédemment par le prospect, a de plus un considérable effet psychologique. En reformulant sous une forme synthétique ce que vous avez compris du « problème à résoudre », vous montrez clairement à votre interlocuteur votre capacité d'écoute, et ainsi la considération que vous avez accordée à ses propos. En quelque sorte, avec des moyens différents de la prise de notes, vous rappelez à votre vis-à-vis que vous êtes un homme ou une femme d'écoute attentive.

Vous pouvez encore renforcer cette impression qui vous sera favorable par quelques habiletés :

• soit par la mise en relief d'aspects qui vous paraissent symptomatiques du cas de l'entreprise prospectée, ceci par comparaison avec d'autres entreprises similaires que vous avez rencontrées ;

• soit par la reprise de quelques expressions ou « idées » de votre interlocuteur.

Bien entendu, l'actualisation de la découverte sera précédée, sitôt la phase de prise de contact achevée, par un écran pour éviter de présenter tout de suite la proposition préparée.

Voici un exemple d'expression du chargé de prospection :

Fin de la prise de contact	– «…Nous étions convenus de nous revoir vers la mi-septembre pour vous présenter le résultat de nos réflexions, à la suite de notre premier entretien. »
Écran	– « Je vais vous le présenter dans un petit instant. « Auparavant, permettez-moi de reprendre ce que j'ai retenu d'essentiel de notre échange du mois de juillet. »
Reformulation	– « Vous vous rappelez sans doute que nous avions cherché à cerner à travers les caractéristiques de votre entreprise, à quels risques elle pouvait être exposée, et les conséquences dommageables que cela pouvait entraîner. Je vous en rappelle donc les principaux points :… »
Citation flatteuse des idées de l'interlocuteur	– « J'ai été particulièrement attentif à ce que vous me disiez au sujet des petits risques : ils ne mettent pas en péril la santé financière de l'entreprise, même s'ils se répètent assez souvent ; en conséquence, nous préférons les assumer. J'en ai tenu compte dans le dispositif que je vais proposer… »

« Prudence est mère de sûreté »

Nous nous sommes placés jusqu'à présent dans le cas d'une bonne compréhension des propos tenus par le prospect. Que se passe-t-il s'il manifeste un désaccord partiel ? (Nous espérons qu'il ne s'agit pas d'un désaccord total, sinon on peut légitimement s'interroger sur la façon dont la découverte a été effectuée ou sur la stabilité de l'interlocuteur).

En reprenant, en résumé, la découverte précédente, on permet à l'interlocuteur de ratifier ou de compléter la synthèse présentée, ou d'infirmer certains de ses aspects. Alors, si cette infirmation entraîne une profonde modification du projet que l'on venait présenter, mieux vaut ne pas remettre ledit projet et s'accorder un nouveau temps d'étude.

On justifiera simplement ce retrait en constatant :

- *« Les nouveaux éléments que vous venez de développer modifient sensiblement ce que j'avais compris initialement. Je vous en remercie. Ainsi je pense pouvoir vous présenter une proposition encore plus adaptée à votre situation. »*

Selon le cas, le chargé de prospection peut indiquer comment il avait conduit sa réflexion et le résultat auquel il était parvenu, si une telle explication est valorisante pour lui. Dans le cas contraire, il est préférable d'éviter tout commentaire. On se justifiera en prétextant par exemple un retard de frappe ou même une refonte complète de l'étude.

LES ENTRETIENS SUIVANTS

Entre la première visite de prospection et la visite au cours de laquelle, en recueillant son accord, le chargé de prospection transforme le prospect en client, il peut y avoir, selon les métiers et les types de produits vendus, un nombre plus ou moins important d'entretiens de vente.

En tout état de cause, le chargé de prospection ne doit pas perdre de vue que chaque visite, chaque occasion de rencontre avec le prospect, doit marquer une étape dans la progression vers l'accord final.

Aussi ne peut-on pas se contenter – ce qui s'entend pourtant souvent – de clore un entretien intermédiaire par un vague :

- *« Bon, on fait comme ça et on se revoit bientôt. »*

S'exprimer ainsi n'a aucune signification. Autant ne pas visiter ce prospect. Au contraire, le chargé de prospection va, en fin de visite, tirer les enseignements de l'entretien qui s'achève, définir qui doit faire quoi, chez le prospect et dans l'entreprise du fournisseur, et quand, c'est-à-dire à quelle date.

LES CHIENS DE GARDE, LES RATS ET LE FROMAGE

Il est réaliste de proposer adroitement à son interlocuteur de placer des gardiens de l'application des décisions prises, pour s'assurer du bon déroulement des actions intermédiaires. Ces « chiens de garde » peuvent être l'annonce d'un appel téléphonique de votre part, vers telle date, pour « vérifier s'il n'y a pas de difficultés… », ou bien de charger explicitement l'assistante du prospect, si elle assiste à l'entretien, de relancer telle ou telle personne pour éviter que le dossier ne dorme tranquillement dans quelque service…

Il n'est sans doute pas très agréable de qualifier l'assistante du prospect de « chien de garde », d'autant que votre optique est de vous en faire une alliée. Cette assistante peut devenir un précieux informateur sur les autres « rats » qui sont tentés, comme vous-même, de venir dévorer le même « fromage ».

DEVIS ET PROSPECTION

Un devis doit-il être seulement une nomenclature descriptive des produits, appareils ou services proposés, accompagnée de prix, comme l'usage en est si souvent répandu ?

Nous pensons que le devis fait partie de la démarche commerciale. À ce titre, il doit s'appuyer sur les éléments forts de l'entretien de prospection.

Le devis reprend, en les détaillant soigneusement, tous les éléments qui constituent la proposition[1]. Il se fonde sur la découverte. Les choix indiqués peuvent aussi faire l'objet d'une argumentation personnalisée.

---

1. *Cf. Les techniques de la vente, op. cit.*

Plan type d'un devis

1. Rappel du contexte

La présentation de la ou des solutions préconisées est précédée par la synthèse des éléments d'information fournis par le prospect qui servent de soubassement à la proposition, donc au devis :

- « *Nous avons particulièrement prêté attention à...* »

2. Devis proprement dit

Nomenclature et chiffrage, avec quelques lignes d'argumentation personnalisée pour expliquer et justifier telle solution.

Pourquoi un devis argumenté ?

Le chargé de prospection n'est pas toujours en mesure de rencontrer toutes les parties prenantes à la décision (les « 5 Qui »). Le devis argumenté, lui, est susceptible de mieux vendre votre solution, même en votre absence, parce qu'il :

• se distingue de ceux des concurrents ;

• justifie clairement la ou les solutions préconisées ;

• est une trace écrite – votre ambassadeur permanent.

Ceci est plus particulièrement vrai dans les domaines des services (assurances, informatique, conseils, etc.).

Le devis est un moyen de creuser l'écart qui vous sépare de vos confrères.

Chaque fois que cela est possible (proximité du prospect, montant de l'affaire) il est préférable que le chargé de prospection vienne présenter lui-même le devis. Cela lui permet souvent de vérifier l'effet immédiatement produit (ceci lui facilite l'estimation du pronostic de résultat) et d'explorer les raisons de l'écart afin, si nécessaire, de reprendre le devis pour apporter les retouches ou la refonte nécessaires.

Si le prospect est trop éloigné, le devis argumenté tient lieu de vendeur silencieux et pourtant persuasif.

Éviter que le devis ne soit communiqué à la concurrence

Il existe une proportion notable d'acheteurs indélicats qui n'hésitent pas à montrer les devis reçus à leur fournisseur habituel pour l'inciter à baisser ses prix.

Tant qu'il ne s'agit que de nomenclatures d'articles standards très diffusés sur le marché, les conséquences pour celui qui est l'auteur du devis, si elles sont désagréables, ne sont que bénignes.

Il n'en va pas de même quand le devis – notamment dans les activités de services (études, ingénierie, courtage d'assurances, etc.) – est une véritable création de son auteur. La communication par une photocopie (avec ou sans camouflage du prix) s'apparente à un véritable vol.

Y a-t-il des parades ? Bien que malheureusement celles-ci soient un peu illusoires, nous proposerons :

• soit de présenter au prospect un devis verbal, la confirmation écrite n'étant expédiée que plus tard pour éviter que les concurrents dûment informés n'aient le temps de se retourner avant l'échéance pour proposer une solution identique à moindre prix ;

• soit de remettre au prospect un devis écrit succinct, dans lequel on omettra de fournir les plans, les astuces de montage ou de combinaison, etc.

• soit encore de faire figurer une clause inspirée du texte de la loi du 11 mars 1957 sur la propriété intellectuelle : « Toute représentation ou reproduction intégrale ou partielle faite sans le consentement des auteurs du devis est illicite et constituerait une contrefaçon sanctionnée par les articles 425 et suivants du code pénal. »

L'expérience montre que l'entreprise, dont le devis a été utilisé contre elle, finit souvent par apprendre ce qui s'est produit. Cette entreprise ne serait pas ainsi sans ressources pour faire sanctionner l'utilisateur indélicat. Ce n'est qu'une maigre consolation face à la perspective d'avoir perdu l'affaire.

14

L'argumentation en prospection

Nous ne redirons jamais avec assez d'insistance que prospecter ne consiste pas à se présenter devant un client éventuel pour lui réciter le descriptif et ce que vous croyez être les points forts de votre produit.

Il faut voir clairement que ce travail de sourd – inspiré par nombre de « méthodes » de vente anciennes et souvent nées outre-Atlantique – est de plus en plus mal accepté par les prospects.

Un vendeur, contrairement à ce qui est encore une idée trop répandue, face à un prospect – et d'ailleurs également face à un client –, n'est pas rémunéré pour parler d'abord de ses produits : son entreprise l'emploie pour *écouter* ses prospects et *ensuite* pour leur proposer ses produits ou ses services, et accompagner cette proposition d'arguments *personnalisés*[1].

Au moment où nous traitons de l'argumentation, nous soulignons une nouvelle fois combien est capitale la *découverte* préalable du besoin et de la psychologie du ou des interlocuteurs que le représentant a en face de lui, combien il faut se mobiliser pour *écouter* le client. C'est une des clés du succès.

LES SOURCES DE L'ARGUMENTAIRE

Tout ce qui précède revient à ne négliger ni la connaissance du produit que l'on a à vendre, ni la construction d'un solide argumentaire. La construction d'un argumentaire est un moment

---

1. Les principes de l'argumentation et la structure d'un argument sont largement traités dans *Les techniques de la vente* et *L'essentiel de la vente op.cit.*

privilégié pour l'entreprise, car elle associe nécessairement les responsables du marketing (directeur du marketing, chef de produit), les responsables de la fabrication (responsable de production, du bureau d'études, du laboratoire) et les responsables de la vente (directeur des ventes, représentants).

En effet, une argumentation qui se veut percutante n'aura de bonnes qualités offensives que dans la mesure où elle correspondra aux besoins de la chaîne qui conduit le produit du fabricant à l'utilisateur-destructeur final (en passant par tous les stades de la transformation et de la distribution), et dans la mesure où elle se distinguera de l'argumentation des concurrents.

Le plus grand défaut des argumentations développées habituellement par les vendeurs est d'être rigoureusement identiques, quel que soit le client rencontré. Alors, à quoi bon la découverte ?

Si vous voulez que votre argumentation produise de l'effet, ayez en permanence cette question en tête : « Cet argument que je viens d'exposer à mon client : qu'est-ce que ça peut bien lui faire ? » Et si vous pensez en vous-même que ça n'intéresse pas votre client, alors votre argument ne vaut pas grand-chose.

La clef de l'efficacité de votre argumentation réside dans la personnalisation de l'avantage de votre produit. Si le client a compris qu'il est personnellement concerné par vos arguments, vous êtes bien près de gagner la partie.

Voici un exemple illustrant ce qui précède.

Vous dites :

   - *« Cet article est fabriqué dans la région. »*

Votre client pense :

   - *« Qu'est-ce que ça peut me faire qu'il vienne de Lille ou de Marseille ! »*

Vous ajoutez :

   - *« DONC, vous serez livré toutes les quinzaines et éviterez les ruptures de fabrication. »*

Le client comprend alors l'intérêt que représente cet avantage pour lui.

Pour qu'un argument soit solide, il doit être bien composé :
- chaque argument est orienté vers une des motivations dominantes des clients ;
- chaque argument doit être *structuré* solidement pour être perçu par la sensibilité et par la raison de vos clients.

On peut représenter le schéma de construction d'un argumentaire de la façon suivante :

Les responsables de la fabrication, appuyés par ceux du bureau d'études ou du laboratoire, se chargent de l'information objective sur les qualités et les performances objectives du ou des produits de l'entreprise. Ils analysent comparativement les qualités et performances des principaux produits concurrents. Ils sont à la source des PREUVES des arguments.

Parallèlement, les responsables du marketing, observateurs et interprètes permanents du marché et de ses structures, mettent en évidence les besoins et les attentes des différents maillons de la chaîne de transfert du produit, c'est-à-dire celle qui part de l'entreprise, qui passe par ses clients utilisateurs du produit pour leur propre fabrication, par la distribution soit du produit simple, soit du produit élaboré, pour aboutir au consommateur (utilisateur-destructeur).

Le marketing met en relief les qualités exclusives du ou des produits de l'entreprise par rapport à celles de ses concurrents, et participe à la mise au point des stratégies de vente pour que celles-ci soient conformes à l'image voulue pour les produits commercialisés.

La force de vente se donne pour mission dans ce travail de groupe d'élaborer les tactiques à suivre pour mettre le produit en position favorable, tant en fonction des besoins et des motivations des prospects, qu'en celle de la présence décelée d'un produit concurrent en place.

Coopération

VENTE

- Éviter que l'entretien ne s'engage sur nos points faibles
- Préparer réponses aux objections

- Orienter l'entretien vers nos points forts

- Découverte des besoins et des motivations de chaque interlocuteur chez les prospects et les clients
- Sélection des arguments correspondants

Marketing

- Connaissance des besoins et des attentes des différents maillons de la chaîne de transfert du produit (fabricants, utilisateurs, distribution, consommation)
- Mise en évidence des qualités différentielles du produit par rapport aux produits concurrents

Fabrication
Laboratoire
Qualité

- qualités et performances objectives du produit
- Analyse descriptive des produits concurrents

Services

Analyse Points Forts/Points Faibles de notre produit contre ses concurrents

Concurrence

Fonction dans la construction de l'argumentaire

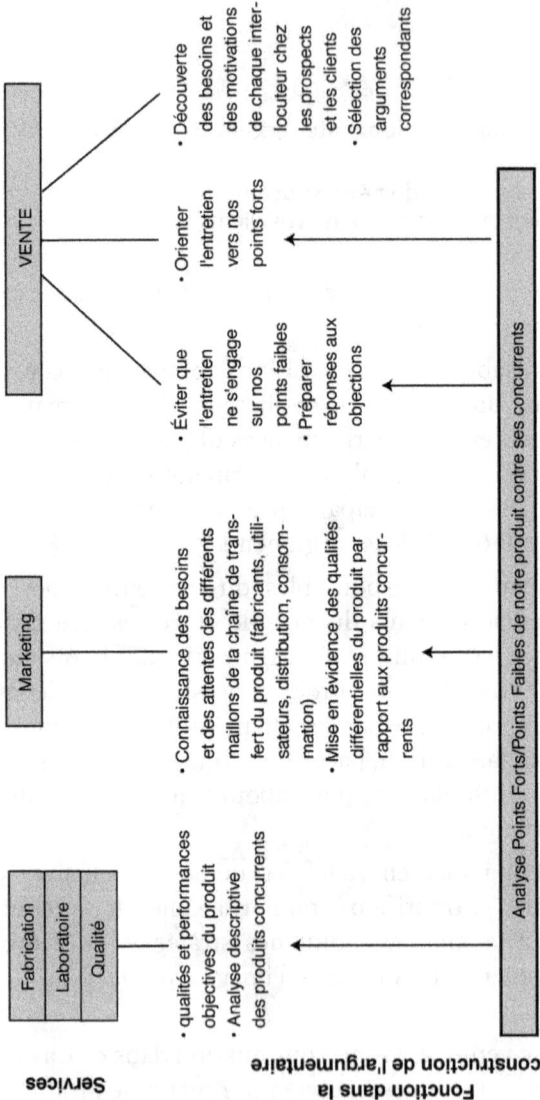

Les sources de l'argumentaire

ARGUMENTATION ABSOLUE OU RELATIVE ?

À travers tous nos ouvrages et à l'occasion de chacun de nos séminaires de vente, nous insistons inlassablement sur l'une des difficultés de la vente de tout produit, service ou idée.

En effet (sauf peut-être pour quelques matières premières primitives), il n'y a *jamais* rencontre entre un produit « pur » et un client « objectif ».

Le client ne voit notre produit qu'à travers une sorte de verre déformant : son système personnel de valeurs et de représentations, sa *culture* propre, si l'on veut.

Notre produit, service ou idée, est lui-même nimbé d'un halo plus ou moins épais d'appréciations qualitatives qui constituent son *image*.

Ainsi, on peut écrire qu'un produit ne rencontre jamais un client, mais plutôt que l'objet de la vente est l'organisation de la rencontre de l'image d'un produit et de la *culture* d'un client.

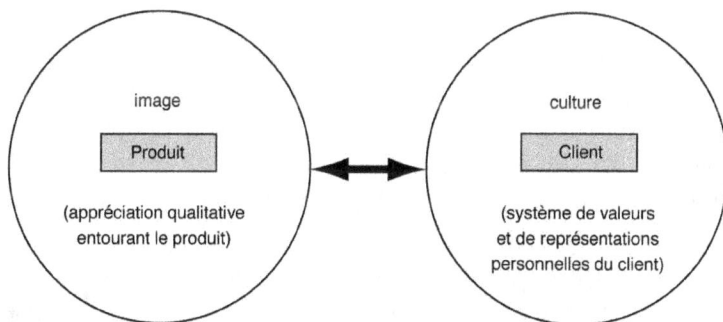

image

Produit

(appréciation qualitative
entourant le produit)

culture

Client

(système de valeurs
et de représentations
personnelles du client)

Le dialogue « produit-image » et « client-culture »

Le rôle du vendeur va être précisément (c'est le sens profond de la découverte) d'intervenir pour modifier, dans la mesure du possible, l'image du produit qu'il a à vendre, pour la rendre non seulement acceptable mais désirable pour le client. En d'autres termes, le vendeur va s'efforcer d'*inscrire* l'image du produit dans le système de valeurs et de représentations personnel du client.

On conçoit dès lors, combien cet aspect de la mise en présence d'un produit et d'une clientèle rend indispensable l'action du vendeur, et combien celui-ci ne peut se satisfaire d'une argumentation uniforme.

Chaque personne est unique. Ce n'est pas seulement vrai du point de vue moral. C'est aussi une observation fondamentale pour qu'une relation s'établisse dans les meilleures conditions entre un acheteur et un vendeur.

LES 3 PRINCIPES DE LA VENTE

- Adaptez-vous à votre interlocuteur.
- Mettez-vous à sa place.
- Présentez votre produit tel qu'il le désire.

Ceci demande que le représentant engage en permanence dans sa tête, quand il est en face d'un client, un travail de sélection de ce qui peut être dit, et de ce qui ne doit pas l'être, au sujet du produit à vendre.

Un représentant agit comme un filtre d'argumentation. Il compose le filtrage en fonction de ce qu'il entend de son client. On comprend dès lors qu'il n'existe pas ou peu d'argument décisif universel. Tel argument, qui sera faible pour l'un, prendra toute sa force pour un autre, parce que le deuxième prospect n'est pas identique au premier.

Nous ne croyons pas à l'argumentation efficace dans l'absolu. Nous croyons fortement à l'argumentation relative personnalisée.

15

Les objections et les obstacles de la prospection ou comment ne pas se laisser désarçonner

ÉTABLIR UN CATALOGUE DES OBJECTIONS ?

L'objection est l'accompagnement rituel de toute démarche de prospection. Les objections ont un tel aspect répétitif qu'il est facile d'en dresser le catalogue. Il est donc normal qu'un chargé de prospection les rencontre.

Le caractère prévisible de ces objections et leur particularité d'être plutôt des objections de principe au début de l'entretien (« Je n'ai besoin de rien », « J'ai mes fournisseurs », « Je n'ai pas le temps », etc.), pourraient inciter à rédiger une sorte de catalogue des objections et des réponses à leur opposer.

Or, même si dans le présent chapitre ainsi que dans celui sur la prise de rendez-vous par téléphone (chapitre 4) nous proposons quelques exemples de traitement des objections, nous considérons qu'il est dangereux de cataloguer objections et réponses.

On le comprend, nous ne considérons pas l'objection comme un jeu, comme un coup qu'opposerait un joueur à son adversaire pendant une partie d'échecs, mais plus significativement comme l'expression d'un ressenti du prospect mis brusquement en présence d'un visiteur inconnu.

L'OBJECTION EST L'EXPRESSION D'UNE RÉACTION PSYCHOLOGIQUE

L'objection est l'expression d'une réaction psychologique. L'objection reflète la *peur* de l'inconnu, la *crainte* de voir déranger ses habitudes, l'*ignorance* des avantages que la proposition du chargé de prospection peut présenter pour le prospect.

En matière de psychologie, nous ne croyons pas aux systèmes du type « questions-réponses ». L'analyse, indispensable à une compréhension correcte du phénomène rencontré, interdit d'envisager le moindre automatisme (c'est d'ailleurs ce principe de questions-réponses qui rend critiquables bien des méthodes de vente encore en usage aujourd'hui).

Nous ne croyons pas non plus aux joutes dialectiques par lesquelles le vendeur *triompherait* de l'acheteur. Le seul résultat à en attendre serait l'éviction du vendeur qui aurait exaspéré son prospect.

Si donc la peur, la crainte, l'ignorance, sont à l'origine des objections, on les traitera avec le doigté nécessaire pour apaiser les appréhensions du prospect et lui apporter les informations qui lui sont nécessaires[1].

Avant d'aborder quelques exemples de traitement d'objections, nous signalons deux obstacles typiques des démarches de prospection : le prospect trop facile et celui qui demande l'exclusivité.

---

1. La méthode et la pratique du traitement des objections sont largement traitées dans *Les techniques de la vente, Les entretiens de vente* (*op. cit.*) et *L'essentiel de la vente* (*op. cit.*).

LE PROSPECT QUI ACCEPTE TROP FACILEMENT

Il est en général recommandé d'être attentif au prospect qui accepte trop facilement votre proposition de fournitures. Normalement, vos concurrents sont déjà dans la place et le prospect dispose donc de moyens de comparaison. S'il ne discute pas ou peu ce que vous lui présentez, n'est-ce pas parce qu'il est en situation financière difficile ? Ses fournisseurs actuels ne se sont-ils pas dégagés ou ne refusent-ils pas de le livrer parce qu'il n'honore pas ses échéances et qu'il est en mauvaise santé financière ? En cette période économiquement difficile cette question est particulièrement d'actualité.

Quand un prospect accepte trop facilement votre offre, ce n'est pas toujours bon signe. C'est pour échapper aux clients financièrement malsains que la direction de l'entreprise impose les formalités d'ouverture de compte (voir chapitre 16).

LE PROSPECT QUI EXIGE L'EXCLUSIVITÉ

Faut-il ou non accorder l'exclusivité de fournitures au prospect important qui vous la demande, au besoin en faisant miroiter les affaires intéressantes que vous allez développer ensemble ?

Bien sûr, on pourrait s'abriter derrière les dispositions légales pour éluder la réponse à la question. Examinons cependant les avantages et les inconvénients de l'accord d'exclusivité pour l'entreprise qui le consent.

L'avantage évident est que l'on fait plaisir au client. Les avantages plus discutables sont : fidélise-t-on le client ? Le contrat d'exclusivité est-il prometteur à long terme pour le fournisseur ? Rien n'est moins certain.

Les inconvénients apparaissent nombreux, au point même d'annuler tous les avantages énumérés :

- que le client soit satisfait, certes, mais est-il conscient du service qu'on lui rend ? Quelles contreparties offre-t-il ? Quels engagements prend-il ?

- un jour, le client exclusif ne sera-t-il pas tenté, face à la sollicitation de la concurrence, d'exercer un chantage ? (« Si vous ne m'accordez pas tel avantage financier, je vous lâche. »)

- l'exclusivité ferme l'accès à de multiples clients potentiels, et se traduit probablement par une perte de chiffre d'affaires ;

- quand on accorde une exclusivité partielle (sur certains articles ou modèles), envisage-t-on les acrobaties qu'il faut entreprendre pour présenter une collection à l'un, une collection différente à l'autre, qui, bien entendu, aurait préféré travailler avec un des produits que vous avez réservé à un autre client ?

Aussi, face à ce genre d'obstacle, nous recommandons de défendre la vocation générale de l'entreprise à être présente partout. Si toutefois l'accord d'exclusivité ne peut pas être évité, nous prescrivons qu'un quota de vente déterminé chaque année fasse partie du contrat et soit fixé, pour le territoire couvert par le client exclusif, à un niveau supérieur à la part de marché de la région ou sur le plan national.

LE PROSPECT QUI JOUE AU NAÏF

Il dit ne rien savoir, qu'il ne connaît pas notre métier, qu'il faut le lui expliquer. Bien entendu, il a procédé ainsi avec vos concurrents et pense que vous allez « faire la roue » devant lui, peut-être même en prenant la pose avantageuse de celui qui sait face à celui qui ne sait pas. Comme il l'a peut-être obtenu de l'un de vos confrères, il espère que vous allez lâcher une information qu'il utilisera ensuite à votre détriment.

Bien entendu, vous n'allez pas tomber dans le piège. Vous tiendrez le langage suivant :

- *« Vous parler de notre métier, il nous faudrait de longues heures… Afin de sélectionner ce qui peut vous intéresser :*
  - *que cherchez vous à apprendre ?*
  - *quels sont vos points de repère ?*
  - *dans votre fonction, face à un fournisseur, qu'est-ce qui est important ? »*

QUELQUES OBJECTIONS CLASSIQUES ET LEURS RÉPONSES

On vous dit :	Vous répondez :	Commentaires :
– « J'accepte le rendez-vous sans engagement de ma part. »	– « Naturellement, monsieur, ce rendez-vous dont je vous remercie, ne vous engage pas. Je viendrai d'ailleurs moins pour vendre à tout prix que pour étudier si nous avons intérêt mutuellement à travailler ensemble. »	
– « Qui êtes-vous ? Je n'ai jamais entendu parler de vous. Votre société n'est pas connue. »	– « C'est précisément pour cela que je vous propose une rencontre afin de vous présenter notre société et ses produits. Ce bref rendez-vous ne sera pas du temps perdu pour vous. »	
– « Vous n'avez pas bonne réputation. »	– « Qu'avez-vous bien pu entendre dire à notre sujet ? »	Prendre un air étonné.
– « J'ai ce qu'il me faut : on ne peut pas détenir toutes les marques. »	– « Je m'attendais à cette réflexion. J'ai en effet remarqué en entrant les excellentes marques que vous avez sélectionnées. Et justement je voulais m'entretenir avec vous de ce choix. À quels principes répond-il ? »	Le prospect peut vous livrer ainsi d'excellents arguments pour que vos produits remplacent ceux de l'un de vos concurrents.

On vous dit :	Vous répondez :	Commentaires :
– « Je suis content de mon fournisseur actuel. »	– « C'est certain. Si vous n'aviez pas été satisfait, peut-être nous auriez-vous appelés. Et vous êtes fidèle à vos fournisseurs. Nous avons nous aussi de nombreux clients fidèles. Savez-vous pourquoi ils le sont ? Voulez-vous que nous bavardions ensemble sur les mérites respectifs de votre fournisseur et les nôtres. Qu'attendez-vous d'un fournisseur ? »	Insensiblement le prospect se livre à la découverte.
– « Je préfère X… parce qu'ils ont une gamme plus développée que la vôtre. » – « Non. »	– « Avez-vous choisi la totalité des articles de X… ? » – « Ainsi vous avez fait une sélection… et sur quels critères ? »	Les explications du prospect vont vous ouvrir les portes d'une argumentation sur la façon dont votre entreprise a constitué sa gamme de produits.
– « Vous en mettez partout ! »	– « Je vous remercie d'avoir remarqué le dynamisme de notre société. Voulez-vous vous associer à notre action commerciale pour en bénéficier à votre tour ? »	
– « Je n'ai pas la demande pour vos produits. »	– « Vos produits sont-ils bien connus de l'acheteur ? » Vend-il des produits similaires ? Son personnel est-il bien formé ? S'il a déjà fait un essai : où étaient placés nos produits ? Comment étaient-ils promus ? Selon quelle argumentation ? »	Ces produits se vendant couramment ailleurs, il faut donc explorer les raisons de cette anomalie.

On vous dit :	Vous répondez :	Commentaires :
– « On ne me demande pas votre marque. »	– « C'est normal : rien ne signale sur votre point de vente que vous travaillez avec nous. Si vous aviez notre panonceau et notre enseigne, ça serait différent. C'est pour étudier l'éventualité d'une collaboration que je vous visite. »	
– « Je préfère vendre des Z… plutôt que les vôtres. »	– « Voilà un point de vue intéressant ! En fonction de quels critères préférez-vous notre excellent confrère ? »	Sourire sympathique et engageant.
– « Vos produits sont trop discountés. »	– « Qu'est-ce qui vous amène à penser cela ? »	Prendre un air étonné. Et embrayer sur l'explication de la politique commerciale adoptée pour ne pas se laisser entamer par les initiatives des concurrents envers les grandes surfaces, et faire valoir ce que fait votre entreprise pour favoriser les commerçants indépendants dynamiques.
– « J'ai beaucoup mieux ailleurs » (…Alors que vos conditions ne sont pas encore connues.)	– « Bravo. Vous défendez certainement bien vos intérêts. Cependant, que savez-vous de nos conditions ? C'est pour cela, notamment, que je vous visite aujourd'hui… et vous serez probablement agréablement surpris… Auparavant, voulez-vous que nous parlions d'abord de votre clientèle… »	Et commencer la découverte.

On vous dit :	Vous répondez :	Commentaires :
– « Vous ne faites pas assez de remise » (après indication du premier étage du barème tarifaire).	– « Je comprends votre désir de faire de notre collaboration quelque chose de rentable pour vous. Nous avons différents moyens pour vous y aider… »	Et continuer sur le barème par quantités, les promotions, etc.
– « Vous faites les mêmes remises à tout le monde. »	– « Il est exact qu'à volume égal, chacun est traité également. Il est aussi vrai que plus nous travaillerons ensemble, mieux vous serez traité. C'est précisément pour développer notre courant d'affaires que je viens vous voir aujourd'hui. »	
– « Quels sont vos prix ? »	– « Vous pensez bien que nous ne manquerons pas d'évoquer largement cette question au cours du présent entretien. Je peux vous dire que cet article vaut… »	Et citer le prix d'un produit en promotion, puis embraye sur la découverte.
– « Quelles remises accordez-vous ? »	– « Notre barème de remises est très intéressant… il dépend, bien sûr du volume d'affaires traité. Aussi, nous allons parler ensemble de vos activités, de votre clientèle, de votre développement pour pouvoir situer quel niveau de remise vous pouvez atteindre… »	
– « Vos prix sont trop élevés. »	– Voulez-vous dire par là qu'ils ne correspondent pas à votre clientèle ? Ou qu'ils ne vous permettent pas de tenir à l'intérieur du budget ? »	
– « Vos produits ont la réputation d'être de mauvaise qualité. »	– « Voilà qui est surprenant. Les avez-vous essayés ? Qu'est-ce qui vous amène à dire cela ? »	

© Groupe Eyrolles

On vous dit :	Vous répondez :	Commentaires :
– « Vos pièces déta-chées sont trop chères. » – – « Chez N... »	– « Comment vous approvisionnez-vous ? » – – « Ah ! vous n'avez donc pas de compte ouvert chez nous ? »	Et poursuivre par l'argumentation sur les prix et avantages con-sentis aux clients directs si ce prospect est d'une dimension suffisante, et si la politi-que commerciale vise à éliminer les intermé-diaires.
– « Je ne veux pas sup-porter les frais de port. »	– « Pouvez-vous me citer des four-nisseurs qui ne vous les facturent pas ? »	
– « Je ne veux pas stocker. » – « Mon comptable me dit... »	– « Qu'entendez-vous par "ne pas stocker" ? » – « Ah oui ! En somme, vous sou-haitez que nous vous aidions à tenir votre stock au plus bas niveau. »	Puis développer sur le système de réassort automatique avec modulation en fonction des saisons.
– « Les affaires sont calmes, je préfère attendre. »	– « Nous observons comme vous une stagnation de l'ensemble du marché, mais elle n'est pas uni-forme. Certains produits progres-sent, d'autres pas. Et chez vous ? »	
– « Quels sont les défauts de votre entreprise ? »	– Nous avons deux défauts : nous sommes français et nous ne tra-vaillons pas avec vous.	Situation en appui-vente d'un commercial du fabricant français de machines à laver de grande capacité pour collectivités, dont tous les concurrents sont étrangers.

16

Le contact ne suffit pas, il faut transformer le prospect en client

La volonté de gérer activement le portefeuille de prospects, en décidant par exemple, qu'après trois ou quatre entretiens infructueux il faut retirer la fiche du classement des prospects contactés pour la renvoyer au fichier des prospects repérés, a ceci d'intéressant qu'elle met le chargé de prospection dans l'obligation de ne pas musarder et d'obtenir un résultat.

Ce résultat sera, soit un constat d'échec – au moins temporaire – soit une ouverture de compte, qu'il conviendra ensuite d'activer. Cette limitation du nombre de visites pour transformer le prospect en client agit comme un couperet, qu'il faut pour le représentant de devancer.

L'ACCORD À OBTENIR

Chacun sait que la conclusion est le moment ressenti comme le plus difficile, spécialement dans la démarche de prospection. La question fondamentale qui se pose, est de savoir si vous avez introduit dans l'esprit du décideur l'idée de devenir votre client.

On comprend les origines de la difficulté.

- La société qui prospecte n'est pas encore bien connue de son futur client. Le prospect n'a pas encore l'habitude du représentant, ce qui est une force et une faiblesse à la fois. Il s'interroge sur la fiabilité de ce fournisseur. Il se demande ce qu'il y a derrière la façade prometteuse des mots et des comportements du vendeur.

- Il va falloir écarter le ou un des fournisseurs actuels ou réduire sa position et le justifier auprès de son représentant.
- Il se demande comment on va régler l'obstacle du double stock de pièces de rechange de l'appareillage existant et du nouveau.
- L'entrée du nouveau fournisseur rompt un équilibre. On attente à la décision prise par Monsieur X... il y a quelques années. Et il va falloir aussi justifier cette décision auprès de ce personnage. L'arrivée d'un nouveau fournisseur s'apparente parfois au déplacement des vaches sacrées de l'entreprise.

LES MANIFESTATIONS DU PROSPECT

On comprend mieux, dès lors, les multiples manifestations des prospects, au moment de la décision à prendre :

- quelques uns hésitent ;
- d'autres émettent contradictions, objections et critiques ;
- d'autres encore expriment plus ou moins ouvertement leur méfiance ;
- certains, plus secrets, s'isolent, font silence, se mettent sur la réserve ;
- il y a aussi ceux, rusés, qui profitent de l'occasion pour se lancer dans un marchandage de dernière minute, quand il n'est pas réalisé après l'entretien (par exemple, en faisant figurer sur la confirmation de commande une clause dont il n'a pas été question au cours des différents entretiens) ;
- sans compter ceux, qui, après avoir laissé croire qu'ils étaient les réels décideurs, s'abritent désormais sous l'aile protectrice du « patron » qui doit décider, du comptable qui doit faire connaître son point de vue, etc.

LES VAINES ESPÉRANCES

Pourtant il faut trancher. Mieux vaut obtenir un refus catégorique en allant au fond des choses, qu'entretenir une vaine espérance.

Votre temps est précieux : ne le dilapidez pas en visites inutiles au cours desquelles la décision n'avance pas. Conclure est-il si difficile ?

POURQUOI LA CONCLUSION SERAIT-ELLE DIFFICILE ?

On peut s'étonner de la crainte qu'éprouvent les vendeurs face à la possibilité de s'entendre dire « non ».

Mais on comprend aussi que, tant que le refus catégorique n'a pas été prononcé, l'on entretienne en demi-teinte le vague espoir que demain les conditions de l'accord seront plus probables. Et l'on se garde alors de provoquer l'interlocuteur à refermer la porte. Ce qui se manifeste par une retraite du chargé de prospection où l'on camoufle l'échec par l'annonce molle d'une prochaine visite.

Cependant, en provoquant la décision, est-il certain que la porte va se refermer ?

• À quoi servent alors toutes les *reformulations*[1] pour vérifier la bonne compréhension des préoccupations du prospect au moment de la *découverte* ?

• À quoi servent les prises de *points d'appui*[2] destinées à faire confirmer au prospect les arguments qu'il attend pour être ébranlé ?

• À quoi servent les interrogations diverses, les *ballons d'essai*[3], les suppositions permettant de sonder les intentions du prospect ?

• À quoi sert- il de faire se prononcer le prospect sur les conséquences probables de l'abandon partiel ou total du fournisseur actuel, ou de la solution en place, au profit de votre proposition ?

---

1. *Cf. Les techniques de la vente* (op. cit.) et *L'essentiel de la vente* (op. cit.).
2. *Ibidem.*
3. *Ibidem.*

Tous ces procédés sont autant de moyens de mesurer l'évolution du prospect.

Dès lors, si l'on a pratiqué ainsi, que l'échec soit prévisible ou que l'accord soit en vue, il est préférable dans les deux cas de trancher.

CONCLURE EST UNE AFFAIRE DE VOLONTÉ, PLUS QUE DE « TRUCS »

Pour conduire rapidement l'interlocuteur vers la conclusion, nous ne croyons pas aux « trucs infaillibles » de certains.

En revanche, nous sommes convaincu qu'avoir la volonté d'obtenir qu'une décision soit prise, aide considérablement à atteindre le but que l'on s'est fixé. De plus, le principe des trois ou quatre visites après lesquelles le prospect est retiré de la liste des contacts à suivre est une bonne mesure pour prévenir l'indécision du chargé de prospection.

QUI DOIT CONCLURE ?

C'est bien au chargé de prospection d'amener le prospect à se décider :

- c'est lui qui a pris les premiers contacts ;
- c'est lui qui a exploré les différents interlocuteurs de la société prospectée ;
- c'est lui qui a établi la proposition et présenté éventuellement un devis ;
- c'est lui qui a traité les objections.

Il est légitime que son interlocuteur attende de lui qu'il le pousse à conclure.

QUE SIGNIFIE UNE RÉPONSE NÉGATIVE ?

Quand bien même le prospect émet une réponse négative, est-ce que tout est perdu ? Eh bien, non ! De même que bien des accords sont obtenus avec des réserves (« oui, mais... »), de même il suffit parfois d'une petite exploration complémentaire pour vérifier que l'interlocuteur qui répond négativement pense « non, mais... ».

Aussi le réflexe de tout chargé de prospection devrait-il être, face au refus, non pas de refermer vite le dossier mais de se faire expliquer les raisons du refus :

• d'abord, parce que c'est un moyen de se renseigner sur les insuffisances de sa négociation ;

• ensuite, et surtout, parce qu'il peut s'apercevoir par cet *effritement*[1] que son interlocuteur lui ouvre, dans sa réponse, la possibilité de continuer la négociation en présentant une autre proposition.

Bien entendu, ce n'est pas une certitude. Mais si, en n'abandonnant pas trop vite la partie, on récupère dix à quinze pour cent des affaires que l'on aurait abandonnées en ne suivant pas ce conseil, cela peut valoir la peine supplémentaire que l'on se donne.

QUAND LE PROSPECT A PEUR DE DIRE NON

Il n'y a pas que le chargé de prospection qui ait peur de s'entendre dire « non ». Le prospect, « pour ne pas peiner le vendeur » dont il mesure les efforts qu'il a déployés, hésite à dire ouvertement qu'il ne donne pas suite aux pourparlers. Il diffère dans le temps, il se retranche derrière tel comité ou telle personne, il affirme que sa réflexion n'est pas mûre.

© Groupe Eyrolles

---

1. *Cf. Les techniques de la vente (op.cit.).*

Autant de signes de l'échec. Ici encore, il vaut mieux trancher. Et c'est encore par effritement, en obligeant par des questions à dévoiler ce que ressent l'interlocuteur que le chargé de prospection saura à quoi s'en tenir.

- N'entretenez pas l'illusion.
- Poussez votre prospect dans ses retranchements.
- Ayez la volonté d'obtenir qu'il décide maintenant s'il donne suite ou s'il renonce.

Les fichiers de prospection sont encombrés de fiches de prospect moribondes : elles mesurent le degré d'illusion – ou la faiblesse des conclusions – du chargé de prospection.

ATTENTION AUX PROSPECTS QUI ACCEPTENT TROP VITE

En ce temps de gestion très serrée des entreprises, nombreuses sont celles dont l'équilibre financier est plus que périlleux. À ces entreprises-là, les assurances-crédits ont soit retiré toute possibilité de découvert, soit l'ont limité de façon draconienne. Et les fournisseurs actuels de ces entreprises le savent.

Quand le chargé de prospection d'un concurrent de ces fournisseurs se présente, il est accueilli à bras ouverts. L'entretien se passe bien, trop bien même. Et s'il manque de discernement, ce chargé de prospection va prendre une « belle commande ». Seulement sera-t-elle payée ? Rien n'est moins certain.

UN MOMENT DÉLICAT : LES FORMALITÉS D'OUVERTURE DE COMPTE

Si la prospection devait se traduire pour l'entreprise qui y engage ses vendeurs, par l'entrée de clients financièrement fragiles, voire douteux, on comprend que celle-ci serait regardée avec suspicion par le responsable financier de l'entreprise. Il est donc légitimement demandé aux chargés de prospection, avant de confirmer la première commande (celle qui transforme le prospect en client), de soumettre le prospect à quelques formalités préalablement à l'« ouverture de compte » :

- production des références bancaires ;
- soumission du dossier du client à l'avis d'un organisme d'assurance-crédit.

Et les représentants n'aiment guère aborder cette question avec leurs nouveaux clients.

Il faut raisonner sur cette contrainte. Ce nouveau client, que l'on suppose sain, est lui-même exposé aux risques d'impayés – parce que ce mal se répand. Il comprend de telles formalités. Le chargé de prospection les présentera comme habituelles et normales.

Et si le nouveau client proteste, n'est-ce pas parce que sa situation financière est un peu tendue ? S'il proteste, sondez-le sur sa réaction en face de ses propres impayés. Et s'il semble trouver cette question secondaire, n'est-ce pas parce que sa moralité financière est assez élastique ? Alors mieux vaut laisser ce client-là à d'autres. Les entreprises saines ont intérêt à se serrer les coudes.

La conclusion de la prospection

Accord	Accord, mais…	Désaccord
Formalités d'ouverture de compte	Délai de réflexion demandé par le prospect : • sur quoi ? • quel délai, quelle date ? Promesses du prospect : • quelles conditions pour qu'elles se réalisent ? • quel délai, quelle date ?	Pourquoi ? (effritement)

LA RENCONTRE AVEC LE DIRIGEANT : CINQ MINUTES POUR CONVAINCRE

La décision du choix d'un nouveau fournisseur n'appartient probablement pas à l'acheteur chargé de recevoir les commerciaux de ses fournisseurs, dès lors que le produit, le matériel, ou le service proposé, aura des effets sur le cycle de production, la consommation d'énergie, la sécurité, la productivité, le climat social, la profitabilité ou l'endettement de l'entreprise, etc.

Entre alors en lice le dirigeant de l'entreprise prospectée (ce qui est bon signe) : président, directeur général ou parfois directeur de division, membre du comité de direction. Le point de vue de ce dirigeant ne s'attarde pas aux caractéristiques techniques de l'offre, mais à ses *conséquences* prévisibles sur le fonctionnement général, sur le compte d'exploitation ou sur le compte de résultat, sur sa contribution à l'accomplissement de la stratégie de l'entreprise ou du département qu'il dirige.

C'est donc en fonction de cette optique qu'il faudra conduire votre échange.

Cependant, sans être nécessairement un homme pressé, ce dirigeant ne vous consacrera peut-être que peu de temps.

Pour que votre entretien produise le maximum d'effet vous vous serez préparé avec le plus grand soin :

• connaissance parfaite du dossier de l'offre ;

• présentation des meilleures caractéristiques de cette offre par rapport aux offres concurrentes, évaluées du point de vue du dirigeant (contribution à ce qui l'intéresse pour la conduite de son entreprise) ;

• capacité d'engagement du fournisseur par le chargé de prospection, y compris sur le plan de la responsabilité ;

• professionnalisme perceptible à travers les propos tenus : clarté, précision, objectivité (pas de promesse hasardeuse, ni de propos dithyrambiques), conscience des limites de performance.

LE PROSPECT EST DEVENU CLIENT

Votre prospect a passé une première commande. Il est aussi devenu un client. Ce n'est pas le moment de s'endormir. Il vous faut rapidement en faire un *familier de votre entreprise.*

À cet effet, expliquez en détail :

- le fonctionnement de votre entreprise ;
- avec qui il sera en relation pour ses commandes (prénoms, noms, numéros de téléphone, fax, e-mails) ;
- à qui s'adresser en cas de dysfonctionnement ou de réclamation (prénoms, noms, numéros de téléphone, fax, e-mails).

Vous lui avez, bien entendu, laissé votre carte de visite avec la mention de l'assistante commerciale (prénom, nom, numéro de téléphone, e-mail) sur laquelle figure votre numéro de poste fixe (et les moments où il peut vous joindre), votre numéro de portable et votre e-mail.

Convenez avec lui de la fréquence de vos contacts (visites, appels téléphoniques). S'il existe une « lettre à la clientèle », vous ferez figurer sur le fichier les noms du ou des destinataires chez ce nouveau client. Vous définirez également qui doit recevoir le catalogue des produits, le tarif, les fiches techniques.

LE PROSPECT N'A PAS COMMANDÉ

La première commande promise n'est pas parvenue chez le fournisseur. Tout est-il perdu ? Attendez avant de tout abandonner :

- peut-être votre prospect a-t-il pris du retard ?
- peut-être n'a-t-il pas pu comparer les offres en présence, en raison du retard de l'un des concurrents ?
- peut-être aussi l'affaire a-t-elle été conclue avec un confrère, sans que l'on ait osé vous le dire (« pour ne pas vous faire de peine »… en réalité par lâcheté de l'acheteur) ?

Ces différentes interrogations justifient que vous alliez aux nouvelles.

En tout état de cause, suivre un prospect « chaud » fait partie des signaux d'attention et d'intérêt que vous lui adressez. Les réponses que vous obtiendrez sont de deux sortes :

- vous avez perdu cette bataille (mais l'avenir est ouvert) ;
- le retard a une explication, et on vous la donne.

Dans le premier cas, cherchez à apprendre pourquoi votre concurrent vous a été préféré… mais selon notre expérience, la réponse est rarement claire. Pourquoi alors ne pas poser différemment la question en demandant ce que vous devriez améliorer pour réussir la prochaine fois ?

En fonction de l'explication fournie dans le cadre de la seconde réponse, convenez avec votre interlocuteur du moment opportun pour reprendre contact avec lui. Et notez la date sur votre échéancier des relances.

BALAYEZ LES PROSPECTS INUTILES

Il y a des prospects qui ne commanderont jamais. Il est instructif de relire les prétextes invoqués successivement si vous avez pris le soin de les noter sur votre fiche de suivi ou de les saisir informatiquement dans votre ordinateur portable.

Et écartez définitivement :

- celui dont le potentiel accessible est inférieur à un certain montant d'euros ;
- celui qui est trop éloigné (les visites ne sont pas rentables en raison de la distance à parcourir) ; rétrocédez-le à un grossiste avec lequel vous aurez pris un accord de suivi ;
- celui dont la moralité est douteuse ;
- celui dont la situation financière est fragile.

17

Pour maintenir la pression sur le vivier de clientèle : l'organisation du suivi des prospects

La réussite de la prospection est souvent affaire de persévérance.

Combien n'observe-t-on pas de premier appel sans suite, sans même une lettre. Comme si un premier refus était définitif.

Suivre un prospect, lui téléphoner de temps en temps en utilisant les informations qu'il nous a déjà confiées, c'est déjà se considérer comme un partenaire, comme un interlocuteur qui suit, mémorise et prête une attention soutenue à l'entreprise, comme si elle était déjà cliente.

Qui sait si le chargé de prospection, en agissant de cette façon, n'est pas en train de se mettre en position favorable par rapport au fournisseur actuel ?

Encore faut-il, bien entendu, que l'enjeu soit à la mesure de l'effort entrepris.

Encore faut-il aussi que le chargé de prospection travaille à partir d'un bon fichier et non pas à partir de n'importe quelle liste de noms d'entreprises.

DE LA LISTE DE NOMS À LA FICHE DE PROSPECT

Nous avons précédemment fait la distinction entre les prospects *recensés, repérés, contactés* (chapitre 2). À chacun de ces degrés de rencontre avec les prospects correspond un instrument.

Les prospects recensés sont répertoriés sur une liste de noms, sorte de fichier de base. On se rappelle qu'à ce stade, nous ne considérons pas encore le nom comme un véritable prospect pouvant entrer dans les ratios clients acquis/prospects.

Il apparaît en effet fréquemment, que sur la liste de prospects recensés, un certain nombre d'affaires n'existent plus, que d'autres, en dépit des apparences, n'entrent pas dans le champ de nos activités et ne peuvent pas devenir un jour un client, que d'autres encore ont changé d'adresse, de numéro de téléphone (très fréquent) ou de dirigeant.

La première opération à effectuer va consister à épurer la liste.

LA QUALIFICATION DU FICHIER DE PROSPECTS

Ce travail indispensable d'épuration se réalise en faisant appel à une assistante ou un stagiaire que l'on va charger, par téléphone, de recueillir des informations précises sur l'entreprise dont on possède le nom : adresse, téléphone, principales activités, noms des dirigeants et de l'acheteur. Ce travail est facilité quand on part d'une bonne base de données, telle que celle que nous évoquions chapitre 2.

Les questions posées par la personne chargée de vérifier la validité du fichier sont simples, et n'entraînent pratiquement aucun refus de réponse.

Voici un exemple :

- *« Ici Sabine Dupuis de la Société des Moteurs Électriques Lyonnais.*
Pour préparer un contact avec votre société, j'ai été chargée de recueillir quelques informations simples. Pouvez-vous me les donner ? Je vous remercie.
- Votre société utilise-t-elle des moteurs pour ses fabrications ?
- Qui s'occupe des achats de moteurs ?

- Combien votre société emploie-t-elle de personnes ?
- Votre adresse est bien…
- Y a-t-il un jour de visite imposé aux représentants ?
Je vous remercie de ces informations.

Les informations recueillies sont reportées sur une fiche ou saisies par informatique. La fiche manuelle ou informatique est ensuite transmise au représentant pour qu'il prenne contact avec le prospect.

C'est une fois ces précisions obtenues que l'on est à même d'établir une fiche de prospect (voir ci-après).

On peut objecter que le travail préalable de qualification du fichier de prospects prend du temps et est coûteux. C'est évident. Le principal est d'observer que le temps d'une assistante ou d'un stagiaire est plus faiblement rémunéré que celui d'un représentant.

Pour suivre un prospect, il faut un minimum d'organisation. Celle-ci repose sur deux instruments (parfois confondus en un seul quand on le traite par l'informatique) :

• la fiche de prospect ;
• l'échéancier des relances.

LA FICHE DE PROSPECT

La fiche de prospect appelée aussi *fiche de contact,* enregistre :

• le nom de la société prospectée ;
• son adresse, son téléphone, son fax, éventuellement son site Internet (mais il faut éviter les informations qui ne seront pas réellement utiles) ;
• les noms des personnes à connaître ou à rencontrer (décideurs, prescripteurs, chargés des achats, utilisateurs) et leur titre ou leur fonction ;
• les particularités à respecter (ne pas appeler tel jour, appeler de préférence avant ou après telle heure, etc.) ;

- les utilisations possibles de nos produits, biens d'équipement ou services, ;
- les concurrents en place ou en compétition (dans la mesure où on obtient une telle information, ce qui est rare) ;
- les points sensibles (problèmes mal résolus par les solutions en place ou celles qui sont proposées) ;
- les réponses obtenues, les objections faites ;
- les engagements obtenus (rendez-vous, principalement) ;
- la date du prochain contact.

Pour être vraiment opérationnelle, la fiche de prospect devra mettre en évidence dans sa mise en page (en général en tête de fiche) les éléments qui doivent apparaître en priorité, c'est-à-dire :

- le nom de la société ;
- le téléphone ;
- la date du prochain contact (pour le classement dans l'échéancier de relance ou le calendrier de travail organisé par l'ordinateur) ;
- le secteur géographique (pour faciliter le regroupement des prospections par zone ou les rattacher à un circuit de visites de la clientèle).

L'ÉCHÉANCIER DES RELANCES

Une chose est de tenir la fiche de prospect à jour au fur et à mesure de la collecte d'informations au cours de chaque contact, une autre chose est de pouvoir sortir cette fiche à point nommé pour se rappeler au bon souvenir du prospect en temps opportun.

L'échéancier des relances rend ce précieux service. Bien sûr, l'informatique est apte à enregistrer les informations concernant chaque prospect et à émettre les signaux nécessaires pour effectuer la relance au moment prévu. Si nous présentons un moyen qui peut paraître trop simple, c'est qu'il est souvent efficace quand on n'a à gérer qu'une cinquantaine, voire deux à trois cents prospects. C'est, de plus, un moyen peu onéreux.

L'échéancier des relances utilise un classeur de type « Extendos » à vingt compartiments. Ces vingt compartiments permettent de classer les fiches à ressortir.

Cases 1 à 5 : lundi, mardi, mercredi, jeudi, vendredi, de la *semaine* en cours.

Cases 6 à 9 : les quatre semaines du *mois* en cours.

(Les fiches figurant dans la première semaine qui suit la semaine en cours seront réparties, à l'achèvement de cette semaine, dans les compartiments 1 à 5.)

Cases 10 à 14 : les six mois du semestre en cours ou immédiatement à la suite du mois en cours.

Cases 15 à 17 : les trois trimestres qui suivent le semestre des compartiments 10 à 14.

Case 18 : l'année suivante.

Cases 19 et 20 : compartiments disponibles pour classer des prospects en veilleuse.

ADMINISTRER LE SUIVI DES PROSPECTS

En général, le nombre de prospects à suivre est important, souvent plus important que le nombre de clients, même si l'on ne consacre à la prospection qu'une journée, voire une demi-journée, en moyenne par semaine.

Tous ces prospects ne deviendront pas, malheureusement, des clients de votre entreprise. Le suivi des prospects doit intégrer une double dimension :

- tant que le prospect ne donne pas prise à l'étude d'une première affaire, l'instrument de suivi (une simple fiche papier ou électronique), sera réduit à l'essentiel ;

• dès qu'une affaire semblera s'amorcer, l'instrument de suivi devra permettre de capter des informations multiples. On aura à faire alors à une fiche développée (dossier papier ou informatique) que nous appelons la « monographie du prospect ».

De la fiche de prospect à la monographie du prospect

Dès que la société prospectée est importante, que l'information à collecter prend un certain volume, que le processus de la prospection devient long parce que l'enjeu est important, on utilisera la monographie du prospect.

La fiche devient dès lors un simple rappel de l'échéancier qui renvoie à la monographie du prospect.

Un système de suivi progressif

Nous avons déjà distingué entre le « contact » (simple indication d'un client potentiel dont on a déterminé l'adresse, le téléphone et une information succincte sur la dimension et les activités) et le « prospect » (client potentiel avec lequel on a engagé une série de conversations).

La gestion des contacts ne nécessite qu'un équipement léger. Il n'en va pas de même du suivi des prospects.

L'organisation générale du suivi des contacts et des prospects peut être schématisée ainsi :

Il faut tenir compte qu'entre le premier contact et le énième, les informations recueillies s'enrichissent, la collaboration éventuelle se précise… ou ne se réalise pas.

Ainsi, l'instrument de suivi utilisé au début de la prospection, qui est une simple fiche, va laisser progressivement la place à un dossier, la « monographie du prospect ».

Premiers contacts de prospection	→	Suivi des prospects	→	Transformation en client

Fiche de contact	Monographie de prospect	Dossier client

Secteur	Date prochaine relance

- Identification
- Activités
- Structure de décision
- Détails à observer (jour, lieu de visite, etc.)

(fiche succincte)

(document fortement renseigné + double des correspondances avec le prospect)

(même type de documentation + double des correspondances et contrats)

Gestion par échéancier

Gestion sur calendrier des visites aux clients et aux prospects en fonction du chiffre d'affaires et du potentiel accessible.

ou par ordinateur

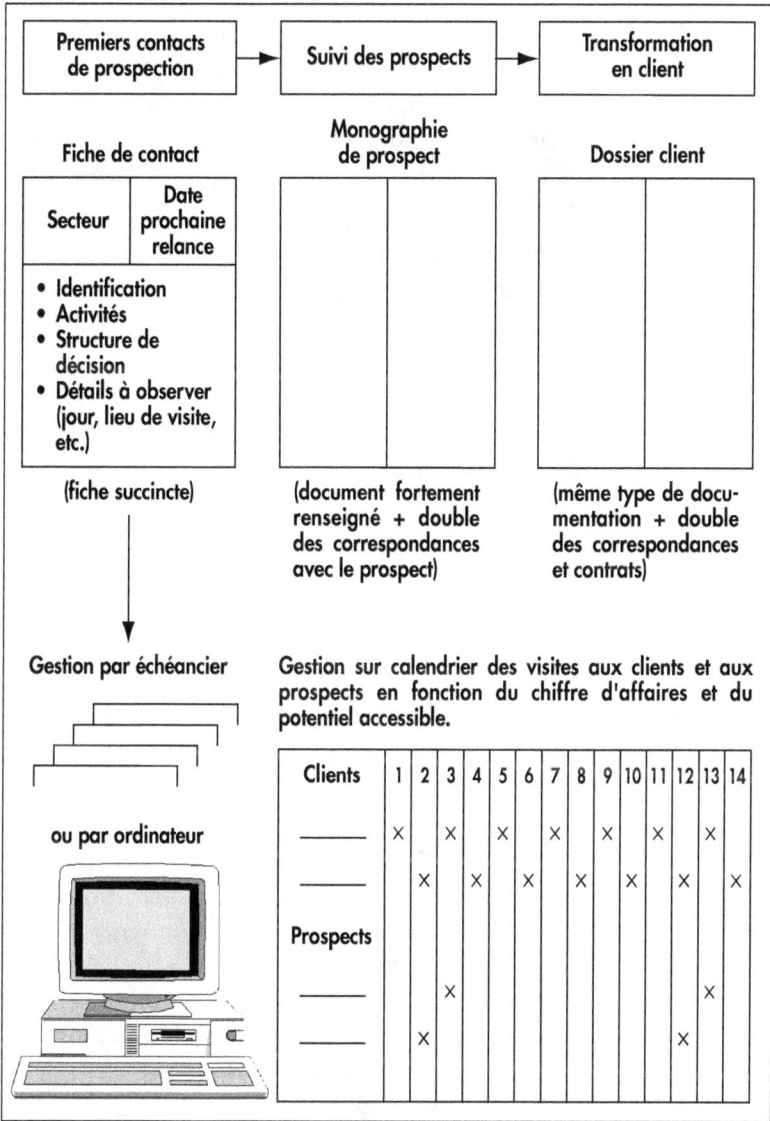

Clients	1	2	3	4	5	6	7	8	9	10	11	12	13	14
_____		×		×		×		×		×		×		
_____			×		×		×		×		×			×
Prospects			×										×	
_____		×										×		

Le système de suivi progressif

La monographie du prospect (voir chapitre 11), qui est un dossier fortement renseigné, est d'autant plus nécessaire dans les cas nombreux de vente avec essai et homologation avant commande, d'étude de projet d'installation ou d'équipement, de proposition de services avec descriptif détaillé : il faut centraliser en un seul dossier tout ce qui concerne les étapes de la négociation avec le prospect.

Le dossier « monographie du prospect », quand ce dernier sera devenu client, sera simplement transféré – parfois en apposant une pastille de couleur sur le dossier au lieu de gestion des dossiers des clients.

Les prospects *travaillés* et ceux dont le potentiel accessible est important font l'objet d'une programmation sur calendrier de visites à l'instar des clients acquis[1].

L'INFORMATISATION DE LA DÉMARCHE DE PROSPECTION

L'informatique soulage et enrichit considérablement la gestion de la prospection. Les bénéfices à attendre sont nombreux. En voici huit :

1. Diminution du nombre de supports de suivi de la prospection en réduisant à une banque de données unique la liste de prospects (prospects recensés), la fiche de prospects (prospects repérés et contactés), la « monographie de prospects » (prospects travaillés).
   Pour que la saisie soit effectuée dans de bonnes conditions, les chargés de prospection doivent fournir des comptes rendus synthétiques, notamment en utilisant des « phrases clés » pour éviter une « littérature » inexploitable.

---

1. Cf. René Moulinier, *Optimisez vos visites commerciales*, Éditions d'Organisation, 2ᵉ édition, 2000.

Cette discipline de rédaction de l'information améliore la capacité d'analyse, la lecture de son action et donc la lucidité du représentant.

Pour le transfert de ces informations, une idée intéressante a été présentée par un de nos confrères. Il estime que dans son métier, si un prospect n'a pas été converti en client après trois visites, sa fiche doit revenir au fichier des prospects repérés pour une exploitation une ou deux années après.

Pour suivre ces trois visites, il a fait éditer des liasses de comptes rendus à quatre volets, chacun de couleur différente :

- le volet n° 1, situé au fond de la liasse, enregistre sur des cases horizontales les données propres à chacune des visites ;

- les volets n° 2, 3 et 4 sont remplis après la première, la deuxième et la troisième visites selon un langage convenu (phrases clés) et saisis informatiquement par le chargé de prospection. La fiche-contact est ainsi actualisée dans le fichier informatique de son ordinateur portable.

2. Gestion des échéances avec une précision à laquelle ne parviendra jamais manuellement le chargé de prospection le mieux organisé.

L'informatique peut aussi prendre en compte, par exemple dans le cas de biens d'équipements vendus en renouvellement des équipements actuellement installés, ou encore dans le cas de contrats d'assurances, la gestion des échéances des contrats concurrents, afin que le chargé de prospection puisse prendre en temps opportun les initiatives indispensables pour arriver à point nommé.

3. Suivi de l'état de la pénétration de l'entreprise par types de clientèles, par secteurs de représentants, etc.

4. Vis-à-vis des prospects travaillés, rigueur infaillible pour suivre les différentes étapes de l'approche : devis, remises, calcul et intégration des modifications demandées par le prospect, résultat des essais, etc.

5. Capacité d'enregistrement résumé et homogénéisé de l'enseignement à retirer de chaque entretien de vente.
6. Suivi chez les clients acquis des produits non implantés en faveur desquels une prospection devra être lancée.
7. Détection de la mauvaise adéquation de certains produits de l'entreprise au marché ou à certains créneaux de clientèle.
8. Calcul de multitudes de ratios.

Les réactions que suscite l'informatisation

Bien que l'informatique soit d'un grand appui pour les représentants, l'ordinateur, notamment pour gérer la prospection, suscite des réactions de défense, des réserves, voire une franche hostilité. Quelle en est l'origine ? Tout simplement, la crainte que le système informatique, destiné à aider les vendeurs, ne se transforme rapidement en dirigeant insensible et impitoyable (par exemple pour l'organisation des tournées de visites) et en contrôleur auquel rien n'échappe.

Nous traitons la façon d'aborder la question avec la force de vente dans le chapitre 19.

L'alimentation du fichier informatisé

L'informatique n'est riche que des informations qu'on lui a fournies.

On sait aujourd'hui que l'ordinateur ne gère plus seulement des statistiques, mais emmagasine toutes sortes d'informations en clair.

COMBIEN DE TEMPS UN PROSPECT DOIT-IL ÊTRE MAINTENU DANS LE FICHIER ?

Si le fichier des prospects *contactés* n'est pas allégé périodiquement, il finit par devenir ingérable. Aussi, des retours au fichier des prospects *repérés* doivent être envisagés régulièrement. Il est difficile d'énoncer une règle uniforme pour tous les métiers. Ici, ce sera après trois visites, ailleurs, c'est plutôt la lecture des conclusions des différents entretiens qui permettra au chargé de prospection, « en conscience », de décider d'arrêter momentanément les visites.

Une fiche renvoyée au fichier des prospects repérés pourra être ressortie quelques années après : peut-être à la faveur d'un changement de personnel chez le prospect, avec de nouveaux produits chez le fournisseur, pourra-t-on bénéficier d'une nouvelle *donne* pour une autre tentative de prospection ?

18

La panoplie des relances

Une des premières qualités d'un chargé de prospection est la persévérance. La constance dans l'effort, une bonne organisation, de la patience et un peu d'imagination pour pimenter le tout, voilà une bonne base de départ pour réussir en prospection.

LES RELANCES TÉLÉPHONIQUES

Comment relancer un prospect par téléphone ?

Relancer un prospect par téléphone, après l'avoir rencontré et lui avoir adressé une proposition écrite, est un gage de professionnalisme : rigueur de votre organisation, sérieux de votre relation avec les clients.

Surtout si votre temps est limité, appelez en priorité les prospects qui, au cours du ou des entretiens précédents, vous sont apparus les plus prometteurs.

Une relance doit être considérée comme destinée à faire progresser votre cause auprès du prospect. Vous ne vous limiterez pas à « prendre des nouvelles » de votre offre. Vous devez aider votre interlocuteur à prendre une décision en votre faveur.

- préparez-vous à argumenter en vous appuyant sur les avantages que retireront votre interlocuteur et son organisation (avantages personnalisés) ;
- si des objections se présentent, faites-les vous expliquer (effritement) ;

- faites-vous décrire en détail ce qui milite en faveur de votre proposition (et s'il y a plusieurs personnes associées à la décision, les positions de chacune[1]) et ce qui fait obstacle (et les origines de l'obstacle : qui ? séduction d'une offre concurrente ? sur quels points particuliers ?) ;
- sondez votre interlocuteur sur son point de vue personnel, et éclairez-le autant que vous le pouvez ;
- si l'affaire le nécessite et si l'entretien risque d'être long, proposez-lui de le rencontrer de nouveau, au besoin avec d'autres personnes, et notamment celles qui ne sont pas convaincues.

Au téléphone, évitez de dire :	Dites plutôt :
– Avez-vous reçu notre proposition ?	– Que pensez-vous de notre offre ?
– Avez-vous lu notre offre ?	– Que pensez-vous des avantages de notre proposition ?
– Hésitez-vous à cause du prix ?	– Quand pensez-vous prendre votre décision ?
– Je viens aux nouvelles…	– Pouvez-vous m'expliquer les obstacles que vous rencontrez ? – Que me conseillez-vous de faire pour les écarter ?
– Avez-vous pris une décision ?	– Je vous propose de nous revoir pour commenter notre offre.

La démarche de prospection ne se limite pas, on le sait, à une succession de visites au cours desquelles tout va se décider dans un sens favorable ou défavorable. Encore faut-il obtenir un rendez-vous. Et après la première visite de prospection, encore faut-il parvenir à de nouvelles rencontres.

---

1. Cf. Vendre aux grands comptes (op. cit.).

Les insuffisances de la relance téléphonique

Mais quand vous téléphonez, l'interlocuteur demandé n'est pas là, il est en conférence ou en voyage, Vous demandez à l'assistante qu'il vous rappelle, mais il le fait rarement. Celle-ci est-elle étourdie ou a-t-elle reçu des instructions pour écarter les importuns ? On ne le sait pas. Ou bien l'on arrive trop tôt, ou trop tard, et le moment opportun sera autre. Vous attendez sagement et vous rappelez quand il le faut, et d'autres prétextes ou incidents font obstacle à la rencontre : le prospect est malade, il occupe à présent de nouvelles fonctions, son successeur n'est pas encore connu. Bien entendu, on pense à vous, on ne pense même qu'à vous... mais rien ne vient. Et inlassablement, vous reprenez votre bâton de pèlerin. Vous composez le numéro de téléphone du prospect... et vous risquez fort de vous battre longtemps encore contre des ombres. Si l'obtention d'un premier rendez-vous est parfois difficile, comme nous venons de l'évoquer, il n'est pas non plus aisé de provoquer une nouvelle rencontre avec certains prospects qui semblent s'ingénier à vous éviter.

En réalité, on n'a aucune certitude que le prospect esquive les rencontres. Il est parfois très occupé, mal organisé et il faut se rappeler à son souvenir.

Le téléphone, quand on ne parvient pas à parler directement à l'interlocuteur désiré, a l'inconvénient de ne pas laisser de trace. Et si une assistante note votre nom, votre numéro de téléphone et même parfois l'objet de votre appel, ce message est tellement succinct qu'il ne produit pas l'effet souhaité.

COMMENT CERNER LE PROSPECT ?

Il s'agit de « cerner » le prospect d'une façon soutenue, à la fois légère et constante, variée et efficace. Dans tous les cas, les objectifs poursuivis sont de maintenir sa présence, de poursuivre le recueil d'informations et le dialogue.

Nous allons développer quelques-uns des prétextes à rencontre avec le prospect, ou de ces rappels de votre existence.

Créer un réseau de relations

La prospection est moins efficace quand le chargé de prospection ne fait pas partie du milieu professionnel du ou des prospects qu'il souhaite convertir en clients.

Si chaque décideur est jaloux de son autonomie de décision, peu d'entre eux sont réellement à l'abri d'influences. L'imitation de ce que fait autrui est une forte tentation.

Aussi, est-il important de repérer (il suffit parfois d'écouter) quel est le réseau de relations professionnelles du prospect, quelles activités extérieures l'intéressent, et en conséquence, quels sont les lieux où l'on a une bonne opportunité de le rencontrer. Dans les villes de petite importance, on détecte facilement les réseaux de relations privés et professionnels ; dans les villes de plus grande dimension, les appartenances à des clubs tels que le Centre des Jeunes Dirigeants d'entreprise (CJD), la chambre économique, les Dirigeants Commerciaux de France (DCF), les associations d'anciens élèves de grandes écoles sont autant de prétextes à rencontres. D'ailleurs, ces organisations existent principalement pour que des liens se créent et que les échanges se nouent.

Inutile de souligner qu'une « rencontre fortuite » entre un chargé de prospection et un prospect dans un cadre moins strictement professionnel, donne à l'entretien un aspect plus décontracté et évite au vendeur une image de « tireur de cordon de sonnette ».

Cependant, l'ambiance détendue de la rencontre nécessite que la relance effectuée à cette occasion ne soit ni improvisée (le chargé de prospection, s'il fréquente une réunion amicale ou professionnelle, ou encore un stade ou un terrain de golf où il pense rencontrer clients et prospects, doit être prêt à glisser un petit mot opportun), ni non plus insistante (respectez le cadre et l'ambiance et soyez adapté : il serait malséant de vous conduire comme le raseur polarisé par son travail et qui confond les lieux de détente et le bureau !).

Organiser un réseau d'influences

Dans de nombreux domaines (produits pharmaceutiques, matériel électrique, équipements pour la restauration, matériaux et produits pour le bâtiment, produits phytosanitaires et semences pour l'agriculture), le chargé de prospection doit visiter, pour les convaincre, des prescripteurs (médecins, architectes, chambres d'agriculture), des distributeurs (grossistes, pharmaciens, dépôts de coopératives, négociants en matériaux de construction), et des applicateurs directs (infirmiers, aides soignantes, artisans, agriculteurs)[1].

Pour organiser et suivre rigoureusement l'action de prospection, devenue complexe par la multitude d'intervenants, il est indispensable de disposer d'un support matériel (la « monographie du prospect » dont nous faisons état aux chapitres 11 et 17), qui permette de représenter graphiquement le réseau de ceux qui interviennent dans la décision. (On peut comparer ce réseau d'influences à l'organigramme ou au sociogramme d'une société ; ici le réseau se situe partiellement ou totalement hors de l'organisation hiérarchique de l'entreprise prospectée).

Cette visualisation donne toute son efficacité à l'organisation et au suivi des opérations de conviction que l'on entreprend.

L'invitation professionnelle

Quand on invite un prospect à une visite d'usine, une inauguration, une conférence sur un thème professionnel, une mise en route d'une installation, on se situe dans son métier. Ici, si une

---

1. *Cf. Vendre aux grands comptes* (*op. cit.*).

pression excessive est maladroite, il vous est loisible d'aborder plus ouvertement et complètement la question en suspens.

Le déjeuner d'affaires, atout de la prospection

Un de mes amis, important notaire parisien, tient volontiers ce propos à ses proches collaborateurs : « Je ne fais jamais de cadeau avant… »

Un déjeuner d'affaires est-il susceptible de désembourber une prospection enlisée ? Tout dépend de l'usage que l'on en fait.

Certains usages et la décision à obtenir d'un personnage réellement important chez le prospect, nécessitent souvent que l'on organise un déjeuner d'affaires. Celui-ci, malgré les apparences, s'organise avec soin, comme une séance de travail.

Objectifs du repas d'affaires

• Traiter le prospect selon son rang.

• Le sortir de son environnement professionnel (éliminer les facteurs de perturbation de l'entretien).

• Le placer dans une situation de détente et de rapports faciles (égalité de la relation).

• Créer un climat de sympathie et de compréhension mutuelles en abordant des sujets plus personnels.

Organisation et précautions

• S'informer des goûts du prospect (ce qui peut peut-être fournir l'occasion d'un entretien de « complicité » avec son assistante).

• Choisir soi-même le lieu pour rester maître du déroulement.

• Proposer et confirmer l'endroit, la date et l'heure.

Déroulement des repas et tactiques de prospection

Faut-il distiller la négociation tout au long du repas ? Plusieurs écoles défendent des points de prospection de vue différents.

Les tenants de la négociation continue

* À l'apéritif (s'il y en a un) et au début du déjeuner, après avoir défini le menu, on fera le point sur l'état de la question.
* Le plat principal donnera le signal de la synthèse, de la proposition, et de l'argumentation en faveur d'une collaboration.
* Au dessert, on discutera de remarques diverses et on traitera les objections.
* Le café sera le moment privilégié pour la conclusion et l'engagement à l'action.

Les tenants de la négociation de fin de repas

Les cerveaux ne sont-ils pas à ce moment-là, pour les protagonistes de la prospection, un peu obscurcis par les mets et le vin ?

Notre pratique

Pendant l'apéritif (s'il y en a un) et avant le début du repas, on aborde les principales questions en suspens. Cela peut prendre un certain temps, mais on joue sur la faim du prospect pour l'inciter à se prononcer plus rapidement. (Peut-être le choix du vin que vous effectuerez ensuite tiendra-t-il compte de l'ampleur de l'accord !)

Puis, au cours du déjeuner, vous aller profiter du climat de détente pour apprendre à mieux connaître le prospect sur le plan humain. Il vous faut, bien sûr, livrer un peu de vous-même. Et vous allez explorer la formation du prospect, son passé professionnel, ses succès, sa trajectoire espérée, ses passe-temps favoris, les règles de fonctionnement propres à sa société, les réseaux d'influence, ce que l'on apprécie chez un fournisseur, etc. Toutes les informations recueillies doivent être enregistrées avec un sens critique développé : tout a-t-il été révélé ? Ne se vante-t-il pas ? Ne dissimule-t-il pas son importance ?

Envoyer la lettre de compte rendu d'entretien

Parce qu'elle est moins coûteuse que le repas d'affaires et probablement plus efficace, nous accordons une place privilégiée à la lettre de compte rendu d'entretien.

Dans les activités de services, elle est à notre avis l'accompagnement obligatoire de toute démarche de prospection dès lors que le contrat a une certaine importance.

La lettre de compte rendu d'entretien, outre la trace écrite, présente plusieurs avantages :

- elle ordonne, pour les deux interlocuteurs, les éléments principaux de leur échange ;
- elle montre au prospect qu'il a été écouté et, si la synthèse écrite est fidèle et équilibrée, elle prouve l'aptitude du chargé de prospection et de son entreprise à comprendre correctement (mieux que d'autres) la situation dans laquelle se trouve l'entreprise prospectée ;
- elle prépare l'acceptation de la proposition qui suivra.
  Notre expérience personnelle de conseil d'entreprises confirme que la qualité d'une lettre est assez souvent l'élément décisif pour choisir entre deux concurrents de haut niveau ;
- elle peut circuler entre les différentes personnes qui constituent le collège de prise de décision, alors que certaines d'entre elles n'ont pas participé aux entretiens : la lettre exprime exactement ce que le chargé de prospection voulait dire à son prospect.

Diffuser la lettre d'information périodique

Une lettre d'information périodique, de rythme bi ou trimestriel par exemple, est un bon vecteur pour entretenir la relation entre l'entreprise du fournisseur, ses clients et ses prospects.

On se gardera bien d'assimiler cette lettre à la clientèle à un dépliant publicitaire. Une telle lettre doit avoir un contenu informatif professionnel utile pour les destinataires.

Naturellement, l'information sera centrée sur l'entreprise du fournisseur, son secteur d'activité, mais aussi, pourquoi pas, l'amont et l'aval (fournisseurs et clients) sur ses différents services, sur ses actions de relations extérieures, et éventuellement de mécénat.

On y trouvera aussi :

- des témoignages de clients (expériences, emplois innovants des produits du fournisseur) ;
- des conseils d'emploi des produits ou des matériels vendus ;
- l'entrée de nouveaux collaborateurs, et spécialement de ceux qui seront en contact avec les clients.

Comme dans un véritable journal, il y aura des articles, des reportages, des interviews, des informations brèves, des illustrations (schémas et photos).

On pourrait également y trouver, le cas échéant, des informations professionnelles utiles d'ordre réglementaire, législatif, administratif.

Les envois réguliers d'e-mails

À la lettre imprimée, un peu rigide et dont l'envoi est coûteux, on peut préférer d'inscrire les acheteurs, et le plus grand nombre possible de responsables des entreprises prospectées, dans la liste des envois périodiques d'e-mails qui deviennent ainsi une sorte de journal périodique électronique que l'on peut actualiser à tout moment.

Ce journal électronique sera alimenté par toutes sortes de nouvelles :

- revue de presse où le fournisseur est cité (en termes favorables évidemment) ;
- extraits de conférences données par des dirigeants du fournisseur ;
- extraits d'études publiées sur les produits, leur emploi, leurs performances ;
- témoignages de clients, etc.

VISITES DE RELANCE : COMMENT JUSTIFIER UN NOUVEL ENTRETIEN ?

Il est des prospects – en général clients importants de vos concurrents – qu'il faut suivre longtemps avant de déclencher une première commande, auprès desquels il faut répéter les visites, sans rabâcher à chaque fois les mêmes propos. Quel prétexte invoquer, se demande le chargé de prospection pour justifier une nouvelle visite ?

Il faut renouveler le discours que l'on va tenir à l'interlocuteur. En aucun cas, il ne doit avoir l'impression que la nouvelle visite reproduit exactement le schéma de la visite précédente.

Voici quelques idées qui n'épuisent pas le sujet :

• présenter un nouveau produit ou un produit dont on ne lui a pas encore parlé ;

• demander son avis sur un nouveau produit en cours d'élaboration ;

• présenter les résultats d'une étude ;

• nouvel entretien après une absence de plusieurs mois sur le thème : « Quoi de neuf chez vous et chez nous ? » ;

• organisation d'une conférence avec une personnalité (chercheur, professeur, confrère étranger, consultant) et rencontre ultérieure de ceux qui y sont venus (« Qu'en avez-vous retiré ? »). Rencontre également de ceux qui, invités, ne sont pas venus (« Voici le compte rendu ») ;

• apporter une réponse à une question soulevée lors du précédent entretien ;

• « Je suis lyonnais pendant deux jours, pouvons-nous nous rencontrer ? » ;

• exploiter des nouvelles dont la presse s'est fait l'écho.

De toute façon, il faut continuer la découverte de la situation de l'entreprise prospectée par rapport à vos produits, équipements ou services.

LE RISQUE DES RELANCES

Votre persévérance à relancer un prospect vous expose au risque de lui faire penser que votre insistance est un aveu de faiblesse de votre position (« A-t-il donc si peu de clients pour qu'il s'accroche à moi comme à une bouée de sauvetage ? »).

Aux États-Unis cette insistance est même qualifiée de « harcèlement ».

LES CARTES DE LA DERNIÈRE CHANCE

Quand on se sent dans une impasse avec un prospect estimé suffisamment intéressant pour persévérer, on mettra en œuvre les « cartes de la dernière chance ». Perdu pour perdu, on ne prend aucun risque en essayant les pistes suivantes :

- la technique du « heureux hasard » : vous vous trouvez de manière fortuite dans un lieu que fréquente aussi votre prospect (cette rencontre imprévue ayant été soigneusement organisée par vous) ;
- l'envoi d'un autre chargé de prospection, car il est possible que votre relation soit médiocre avec votre interlocuteur ;
- le contournement de l'acheteur qui ne se décide pas en votre faveur en chargeant d'autres collaborateurs, par exemple des ingénieurs ou des techniciens, de créer de nouveaux contacts dans l'entreprise prospectée ;
- le prêt de matériel pendant un temps limité. Cette solution est onéreuse, mais elle a pour avantage de montrer l'intérêt que le fournisseur accorde à ce prospect. L'entrée et l'utilisation du matériel prêté sont un cheval de Troie qui permet de rencontrer d'autres interlocuteurs plus favorables à nos propositions.

19

Le management de la prospection ou l'action sur les esprits, les hommes, l'organisation

CLARIFIER LES OBJECTIFS DE LA PROSPECTION

L'activité de prospection ne peut avoir de vertu en soi. La prospection est une des dispositions que met en place la direction commerciale dans le cadre des objectifs financiers et commerciaux à atteindre. Ces objectifs sont eux-mêmes tributaires de la *stratégie* de l'entreprise.

Il est légitime, donc, de s'interroger sur la place de la prospection dans l'ensemble des activités commerciales, plutôt que de décider *a priori*, « parce que ça se fait », que l'on doit prospecter.

La prospection ne trouve en définitive sa légitimité que sous l'éclairage de la stratégie adoptée et des objectifs qui en découlent.

Il faut également clarifier ses idées sur le choix entre les deux grands types de prospection : acquisition de nouveaux clients ou élargissement de l'implantation des produits chez les clients acquis.

L'objectif même de la prospection doit être clair pour chacun : il ne peut s'agir d'un feu de paille, mais plutôt d'une poussée régulière, se traduisant soit par des *ouvertures de comptes* actifs (c'est-à-dire qui fonctionneront régulièrement et avec un volume d'affaires significatif), soit par l'augmentation du nombre de lignes de produits commandés (avec renouvellement régulier des produits nouvellement implantés).

CRÉER UN ÉTAT D'ESPRIT

Toute entreprise qui prospecte, mais qui n'a pas su créer un esprit favorable à la prospection, n'avancera guère. La prospection ne s'institue pas par décret ou par note de service. Pour créer un esprit favorable à la prospection, il faut qu'elle devienne l'affaire de tous, nous voulons dire non pas que chacun se mêle de prospecter de façon sympathique mais débridée, mais que chacun se sente pris dans l'élan de la prospection, même si le rôle tenu est modeste ou nul (voir en annexe, L'opération commerciale : la DRAC).

Obtenir un état d'esprit favorable à la prospection implique :
- que la prospection soit ressentie comme un projet essentiel pour l'entreprise ;
- que la prospection fasse l'objet d'une large information (préparation, organisation, déroulement, résultats) ;
- qu'un animateur central suscite, encourage, soutienne, assiste les efforts de ceux qui sont chargés de prospecter.

LE RÔLE DU HIÉRARCHIQUE

Dans notre esprit si l'animateur opérationnel de la prospection est le directeur des ventes, le directeur général, par la claire définition des ambitions de l'entreprise, par l'allocation des moyens, par l'attention et l'intérêt portés aux efforts réalisés et aux résultats obtenus, manifestera l'importance que revêt à ses yeux la prospection[1].

---

1. Cf. René Moulinier, *Manager les vendeurs*, Éditions d'Organisation, 2005.

AIDER À RÉUSSIR

Le comportement attendu du directeur des ventes, en tant que leader de la prospection, est bien entendu de payer de sa personne, au même titre que les chargés de prospection. Mais ne nous trompons pas, il n'est pas attendu de lui qu'il se mette en concurrence avec ses commerciaux ; on attend qu'il sache sortir du bureau confortable de l'état-major pour descendre dans la tranchée.

Ce directeur des ventes, tête de file de la prospection, sera surtout perçu comme celui qui *aide* chaque chargé de prospection à réussir.

Aider à réussir veut dire en pratique que, face aux difficultés que peut rencontrer tel ou tel chargé de prospection, son directeur des ventes l'invitera à réfléchir avec lui aux causes de ses problèmes, l'aidera à retrouver les solutions dans les méthodes définies avec l'ensemble de l'équipe, lui proposera de l'accompagner pour lui montrer comment procéder. Ceci suppose que le directeur des ventes sache se ménager des plages de temps suffisantes pour être disponible.

Aider à réussir, c'est aussi traiter les chargés de prospection en collaborateurs majeurs et autonomes. Par exemple, plutôt que de « contrôler » quotidiennement les activités de chacun, n'est-il pas préférable de lire périodiquement les résultats enregistrés, et – pour ceux seulement qui éprouvent des difficultés – remonter aux origines selon le principe indiqué ci-dessus.

Nous sommes également favorables à la pratique consistant à recommander au collaborateur qui vient demander son aide au directeur des ventes de *se présenter avec la ou les solutions* qu'il envisage pour résoudre le problème rencontré.

Aider à réussir, c'est aussi favoriser la mise en place d'un réseau informel de conseil mutuel entre collaborateurs, y compris en y associant des non-commerciaux.

FORMER AVANT DE PROSPECTER

La formation est un atout indéniable dans la réussite de toute prospection. Nous sommes toujours étonnés, et même choqués, face à la pratique consistant à envoyer un vendeur fraîchement recruté « se faire les dents » en prospection sans le moindre apprentissage préalable. Si l'on veut casser quelqu'un, on ne s'y prend pas autrement.

Le programme de formation correspond pratiquement au plan et au contenu du présent ouvrage :

• Rappel des options fondamentales de l'entreprise et des objectifs commerciaux. Place de la prospection dans cet ensemble.

• Les aides matérielles : clientèles cible, direct mail ou lettres types, livret de présentation.

• Comment prendre rendez-vous par téléphone. Les autres façons de prendre rendez-vous. Efficacités comparées.

• Analyse de la concurrence. Atouts et faiblesses de notre entreprise et de nos produits.

• Travail sur le comportement (avec un caméscope).

• Travail sur le mental (installer le succès dans l'esprit du chargé de prospection ; relation d'égal à égal avec le prospect, c'est-à-dire en évitant l'humilité et l'arrogance ; traitement des tentatives de déstabilisation de certains prospects).

• Comment commencer le premier entretien de prospection.

• Comment découvrir le prospect.

• La suite des entretiens de prospection.

• Comment argumenter.

• Comment traiter les objections.

• Comment conclure et transformer le prospect en client.

• Comment organiser le suivi des prospects.

LES STRUCTURES HUMAINES DE LA PROSPECTION

Dès lors que l'entreprise vend des biens ou des services complexes, on conçoit qu'il faille intégrer dans les démarches de prospection des commerciaux et des techniciens.

L'observation des profils caractériels de ceux qui pratiquent la « vente-conquête », c'est-à-dire la prospection et la « vente-gestion » qui est la relation usuelle avec un client acquis, indique que dans chaque entreprise il faut détecter pour la prospection et pour la relation commerciale des profils de collaborateurs différents.

Enfin, et c'est une observation classique, chaque métier appelle son profil d'homme. Celui qui vend à des bouchers n'a pas les mêmes caractéristiques que celui qui vend à des administrations.

LES QUALITÉS DE FOND DU CHARGÉ DE PROSPECTION

Les quelques notations sur le profil caractériel du chargé de prospection ne font pas double emploi avec la réflexion que nous avons conduite sur l'apparence du chargé de prospection. L'attention portée à l'apparence est du domaine du comportement : on cherche à créer l'illusion la plus favorable auprès de l'interlocuteur.

La détection des qualités de fond, et dont l'évolution est peu probable (on est ici au niveau de l'*inné*), est importante soit au moment du recrutement, soit quand on songe à confier une responsabilité de prospection à un collaborateur commercial.

Quelles sont les dispositions favorables ? Sans prétendre épuiser la question, nous mettrons en évidence :

• une bonne santé, du tonus, de la vitalité ;

- un psychisme à l'abri de cycles dépression-exaltation trop marqués ;
- une humeur constante, de l'optimisme, la croyance en sa chance (en son étoile), en sa capacité d'obtenir des succès ;
- une bonne capacité à encaisser les revers ;
- un esprit entreprenant, ouvert, curieux des êtres et des choses ;
- un esprit méthodique et calculateur.

On ajoutera une certaine pratique de la vie en société, voire mondaine pour certains métiers où la négociation de prospection se fait à haut niveau. Ici les qualités de vendeur priment sur la qualification technique : une bonne culture technique suffit.

On s'efforcera, en outre, de favoriser le jeu d'équipe, le chargé de prospection étant, dans la plupart des cas, un personnage qui appellera à travailler avec lui un spécialiste, puis un gestionnaire (voir ci-dessous).

POUR UN FONCTIONNEMENT HARMONIEUX DE LA PROSPECTION : LE PASSAGE DES RELAIS

On a entrevu dans le paragraphe précédent que le chargé de pros-pection ne saurait travailler en solitaire. Il est l'élément avancé d'une équipe technico-commerciale, et même, il peut être consi-déré comme l'émissaire de toute l'entreprise.

Ne pas travailler en solitaire, c'est avoir le sens du travail collectif et de l'efficacité.

Point de dangereux vedettariat, il faut proscrire l'idée qu'une fonction (la prospection) est plus noble qu'une autre fonction (la gestion commer-ciale). Chacun à son poste, avec sa spécialité.

On peut décrire le mouvement de la prospection comme une ouverture de porte par un chargé de prospection (ou comme nous le verrons après, par un « leader commercial »), appuyé par des techniciens et des spécialistes, pour introduire progressivement celui qui gérera ce prospect devenu client entre-temps.

On pourrait alors craindre que le travail du chargé de prospection ne soit assez ingrat ; sa relation avec le prospect disparaîtrait au moment où celui-ci devient client de son entreprise.

En réalité, l'expérience de certaines organisations montre que si le chargé de prospection joue un rôle secondaire dans le cadre des relations commerciales habituelles, il peut conserver un lien épisodique – en coordination avec le vis-à-vis habituel du client.

Ce lien épisodique est d'autant plus important, qu'en cas de difficultés ultérieures, le chargé de prospection peut reprendre une fonction d'intervention active pour rétablir une situation compromise.

L'observation de ces principes permet de créer une bonne harmonie, grâce au passage des relais. Tout est conçu pour que le client perçoive la réalité d'un jeu d'équipe, plutôt que la juxtaposition sans coordination de brillantes individualités.

« MES VENDEURS N'AIMENT PAS PROSPECTER »

On connaît la désignation des deux tempéraments, inégalement répartis dans la population des vendeurs : les « chasseurs » (prospecteurs commerciaux) et les « éleveurs » (gestionnaires des clients).

Le « chasseur » est souvent séducteur et inconstant ; s'occuper d'un client sur la durée l'ennuie.

« L'éleveur » est fidèle, sérieux, solide.

Alors, quand on constate une réelle résistance des vendeurs à la pratique de la recherche de nouveaux clients, la tentation est grande de faire de cette activité une spécialité confiée à des tempéraments de « chasseurs », recrutés au sein de la force de vente ou à l'extérieur ; ce qui revient à scinder la démarche d'acquisition et de suivi des clients. On doit alors s'interroger sur la réaction de ce prospect devenu client. Il a peut-être été séduit par le chargé de prospection qui a amorcé le contact, mais pas nécessairement par « l'éleveur » qui prendra le relais. Le chargé de prospection peut avoir un talent relationnel (facilité de contact, charme, brillant, séduisant) que n'aura pas le commercial, certes sérieux et solide, qui prendra la suite. On observera, en outre, que la majorité des clients apprécient d'avoir un interlocuteur unique chez leur fournisseur.

C'est pourquoi, nous persévérons dans la voie de la réunion sur une seule tête, avec l'accompagnement de formation indispensable, de la prospection et du suivi des clients.

LE LEADER COMMERCIAL

Le sens de l'efficacité, c'est également l'exigence d'une organisation rationnelle : un prospect, un chargé de prospection.

Pour singulariser cet aspect, nous appelons leader commercial celui qui, dans l'entreprise, a reçu pour mission d'avoir la responsabilité de détecter les opportunités de vendre ou de faire entrer un ou plusieurs des produits de l'entreprise.

Nous voudrions souligner deux aspects de cette responsabilité:

• le leader commercial n'est pas nécessairement le plus haut placé dans la hiérarchie de l'entreprise. Il est celui qui par ses talents, par ses relations, par ses centres d'intérêts personnels est le mieux placé pour réussir vis-à-vis du prospect. Foin des susceptibilités : l'efficacité prime. De plus, ce principe permet une plus large diffusion des responsabilités et une pratique intelligente de la délégation ;

• le leader commercial doit avoir une réelle aptitude à comprendre les opportunités au-delà même de sa propre spécialité. Il doit avoir la plupart des caractéristiques d'un chargé de prospection, même s'il n'exerce cette fonction qu'à temps partiel, et notamment la curiosité des êtres et des choses.

Nous pensons d'ailleurs, et ceci est aussi vrai pour le chargé de prospection (à plein-temps) que pour le leader commercial (à temps partiel), qu'aujourd'hui où nous devons tous être en apprentissage permanent, les situations de prospection où l'on se fait accompagner par un spécialiste sont d'excellentes occasions d'élargir son champ de connaissance, de savoir-faire et de compétence.

LA VERTU STIMULANTE DES COMPTES RENDUS

Ce n'est pas un paradoxe de croire à la vertu stimulante de devoir rendre compte.

Nous ne préconisons pas ici, bien entendu, un contrôle qui risque de véhiculer avec lui une mise en accusation en cas de résultats insuffisants. Mais à l'opposé de cet esprit de contrôle-sanction, nous proposons une mise à plat des actions engagées face aux objectifs poursuivis et aux résultats obtenus. Le décalage négatif, s'il y en a, se traduit alors de la part de l'animateur central de la prospection (normalement, le directeur des ventes), par une proposition d'aide, de renforcement ou d'appui, comme nous l'avons déjà écrit.

On conçoit que le suivi de la prospection s'attache à toutes les nuances que nécessite l'examen des résultats. Prospecter, ce n'est pas seulement remporter des succès ou des échecs. C'est connaître tous les stades – parfois trompeurs – allant de la promesse pour plus tard à la mise à l'écart que le prospect n'ose pas avouer.

ANALYSER SES ÉCHECS

Prospecter est souvent ingrat. La répétition des échecs est difficile à supporter, même pour l'individu le plus solide psychiquement.

Le chargé de prospection n'aura de cœur à l'ouvrage que si les conditions de la réussite sont maximisées. Aussi est-il important d'analyser les échecs. Pas seulement en s'interrogeant tout seul et en se demandant en quoi on a été insuffisant. Mais surtout en prenant le soin de revenir chez les clients auprès desquels on a échoué.

Qui mieux que celui qui vous a dit « non » peut vous éclairer sur ce qui vous a été défavorable ?

Certains penseront qu'il vaut mieux éviter de le savoir, que si une affaire est perdue, il faut tourner la page et aller de l'avant. Ce dernier point est fondé. Il n'en demeure pas moins que connaître ses points faibles est une force, surtout si on s'arrange pour les résorber ou les compenser.

LE PRONOSTIC DE RÉSULTAT

Un système d'évaluation des chances de réussite

Se contenter, pour y voir clair, de répartir les prospects en prospects recensés, repérés, contactés et travaillés ne suffit pas. Dès qu'il est parvenu au stade du contact et de l'engagement, le chargé de prospection doit pouvoir supputer quelle chance il a d'aboutir.

Cette évaluation des chances, que nous appelons le *pronostic de résultat*, est intéressante à suivre pour se rendre mieux compte de ce qu'on obtient, et pour détecter, avant qu'il ne soit trop tard, que l'on risque de perdre la partie.

Le pronostic de résultat s'applique aussi bien pour la prospection de clientèle que pour la prospection d'affaires (dans le cas des ventes de biens d'équipement et de services).

20 %, 40 %, 60 %, 80 % ?

Pour préciser cette notion de pronostic de résultat, nous avons d'abord demandé aux chargés de prospection de se prononcer par des qualificatifs. Nous obtenions des appréciations peu chargées en informations : « C'est pas mal parti », « Une chance sur deux d'aboutir », etc.

Puis, nous avons perfectionné le pronostic de résultat en leur proposant de se prononcer en fonction de quatre évaluations, deux favorables et deux défavorables, pour les obliger à s'engager davantage :

- très défavorable ;
- défavorable ;

- favorable ;
- très favorable.

Enfin, nous avons trouvé qu'il était encore plus clair de désigner par des taux chiffrés leur évaluation :

- 20 % de chance (nos chances sont faibles) ;
- 40 % de chance (nous avons quelques chances, mais le fournisseur en place ou nos concurrents disposent de meilleurs atouts) ;
- 60 % de chance (nous sommes en assez bonne position, mais nous avons affaire à une forte partie) ;
- 80 % de chance (nous sommes en position très favorable, mais il faut rester vigilant tant que rien n'est définitivement conclu).

Bien entendu, la position zéro indique que l'accord a été obtenu par l'un de nos concurrents ou que le projet est abandonné par le prospect, et 100 % signifie que nous avons gagné.

Un des intérêts de ce système d'évaluation est de permettre une synthèse lumineuse de l'état instantané des prospections en cours (voir le tableau de bord de la prospection ci-après).

Un autre avantage est, pour les prospections d'une certaine durée, comportant de multiples entretiens avec les prospects, de se rendre compte (y compris par une méthode graphique) si votre position s'améliore, se maintient ou se détériore chez tel ou tel prospect.

Dans le cas où plusieurs personnes interviennent dans la décision de collaboration avec votre entreprise, on voit apparaître clairement qui est plutôt favorable et qui ne l'est pas. On a ainsi une plus grande facilité à déclencher les actions de correction ou de renforcement qui s'imposent[1].

---

1. Nous avons élargi notre réflexion sur ce point en concevant le système d'anticipation des résultats commerciaux (SARC). *Cf. Manager les vendeurs* (*op. cit.*).

La représentation graphique du pronostic de résultat

Quand une entreprise prospecte pour vendre des biens d'équipement lourds ou pour des services d'un montant important, les chargés de prospection peuvent suivre par la représentation graphique l'évolution de leur chance d'aboutir.

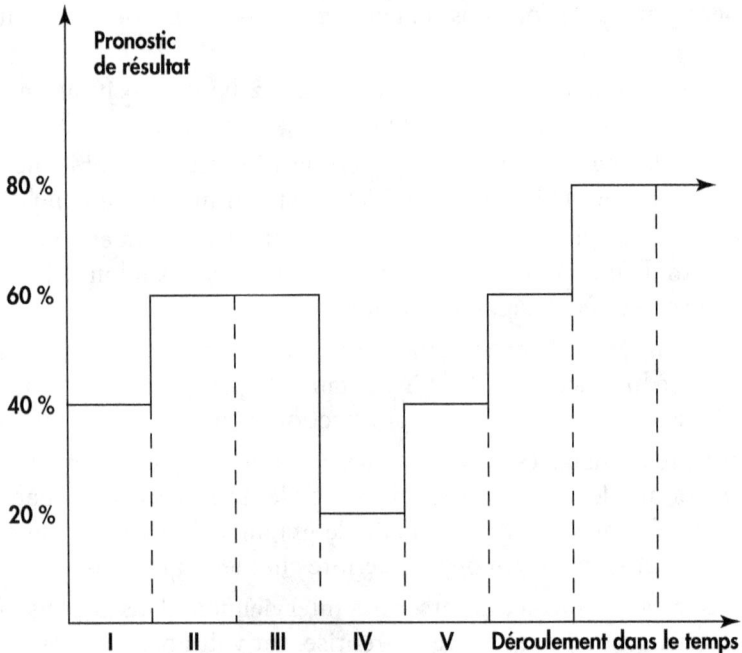

Phase I – L'entreprise repérée envisage un investissement. Sans être le fournisseur le plus connu, nous disposons d'une bonne notoriété. Notre image technique nous fournit quelques atouts.

Phase II – Le prospect effectue un premier tour d'horizon. Un informateur nous a renseigné sur cette recherche. Le chargé de prospection a rendu visite au chef de projet et recueilli des informations précieuses. Nous avons obtenu d'être consulté.

Phase III – L'entreprise prospectée a interrogé nos principaux confrères. Nous avons affaire à des concurrents sérieux. Nos chances se maintiennent.

Phase IV – La consultation est en cours. Nous avons produit un devis. Mais nous apprenons qu'un concurrent étranger offre un prix plus favorable que le nôtre et celui de nos concurrents nationaux.

Phase V – Si l'acheteur est un tenant du prix le plus compétitif, le chef de projet est conscient des risques que lui ferait courir le choix d'un matériel étranger. De plus, nous apprenons que parmi les fournisseurs nationaux, nous sommes considéré comme l'un des deux entre lesquels se fera le choix si la solution nationale l'emporte. Nous avons également compris que le chef de projet dispose d'une plus forte audience que celle de l'acheteur auprès de la direction générale.

Sur le graphique, les moments d'espoir et de déception apparaissent clairement.

LE TABLEAU DE BORD DE LA PROSPECTION

Le système de répartition des prospects par degré (recensés, repérés, contactés, travaillés) et de pronostic de résultat (20 %, 40 %, 60 %, 80 %) se prête aisément au suivi par l'informatique.

L'analyse peut encore être conduite plus finement comme le montre l'encadré ci-après.

Par son impitoyable rigueur et par sa capacité de stockage et de mise à jour continuelle de l'information, l'informatique est, nous l'avons vu précédemment (chapitre 17), un outil précieux pour gérer la prospection.

Il faut s'attarder un instant sur les précautions à prendre avant de mettre en place un tel système de suivi. Il est capital d'éviter que l'informatique ne soit perçue comme un moyen de coercition par la force de vente ou par les chargés de prospection.

Pour ce faire, *avant même que les logiciels ne soient conçus,* on associera les personnels concernés. Un de nos confrères qui a plusieurs expériences à son actif nous a dit qu'il s'ingénie à ne pas évoquer l'informatique, même sans prononcer le mot. Il construit, avec les vendeurs ce qui leur serait nécessaire et, inévitablement, en présence de la multitude de données à gérer, l'un d'eux en vient à parler d'informatique. Ainsi la demande part du terrain. Dans certains cas, un groupe de commerciaux est chargé d'élaborer un avant-projet pour préparer la définition du cahier des charges.

TABLEAU DE BORD DE LA PROSPECTION

1. Prospects recensés

- Appels téléphoniques de recherche d'information et de validation du fichier (✳ prospects repérés).

2. Prospects repérés (fichier)

- Appels téléphoniques à renouveler (absent, en conférence, etc.).
- Appels téléphoniques avec refus de rendez-vous.
- Appels téléphoniques avec obtention de rendez-vous.

3. Prospects contactés

- Premier entretien sans suite → Quelle exploitation possible ?
- Premier entretien avec suite → Quel pronostic de résultat ?
- Deuxième entretien sans suite → Quelle exploitation possible ?
- Deuxième entretien avec suite → Pronostic ?
- Troisième entretien sans suite → Retour au fichier.
- Troisième entretien avec suite → Pronostic.
- Relances téléphoniques.
- Études et devis remis :
  - dont devis refusés ;
  - dont devis modifiés ;
  - dont devis acceptés.

4. Temps consacré à ces différentes activités

5. Périodiquement, analyse instantanée

- Prospects à 20 %, 40 %, 60 %, 80 %.
- Pour quel volume ou montant ?
- À quelle échéance ?

6. Ratios

- Accords obtenus/Nombre de visites effectuées
- Contacts obtenus/Nombre d'appels téléphoniques
- Nombre moyen de visites pour obtenir un accord
- Chiffre d'affaires nouveau (à déduire : chiffre d'affaires perdu).

PROGRAMMATION INFORMATIQUE DE LA PROSPECTION

Faut-il aller jusqu'à instituer que l'ordinateur programme les activités de visites et de prospection des représentants ? Même si des résultats intéressants ont été obtenus dans certaines entreprises, on ne doit pas perdre de vue l'effet produit par ce procédé :

- sentiment du représentant d'être asservi à la machine ;
- perte de vigilance et d'esprit d'entreprise (« l'informatique pense à tout, je n'ai qu'à exécuter… »), ;
- mauvaise maîtrise des aléas (client absent, malade, en congé) nécessitant de constantes reprogrammations.

QUI DOIT PRENDRE RENDEZ-VOUS ? UNE ASSISTANTE OU LE CHARGÉ DE PROSPECTION ?

Si, comme nous l'avons vu chapitre 17, un stagiaire ou une assistante sont parfaitement aptes à valider les informations sur les prospects recensés, nous préférons que la prise de rendez-vous soit assurée par le chargé de prospection lui-même.

Bien sûr, une assistante peut parfaitement prendre un rendez-vous pour le compte du chargé de prospection dont elle gère le planning de visites et d'activités. Mais en prenant rendez-vous on recueille une multitude d'informations ou d'impressions qui risquent fort de n'être pas transmises si celle qui a pris rendez-vous est différente de celui ou celle qui effectuera la visite. C'est un problème classique de transmission incomplète de l'information.

ORGANISER LES CIRCUITS DE VISITES POUR LA PROSPECTION

D'une manière générale, sauf accent particulier mis par la direction commerciale sur sa nécessité impérative, la prospection est le parent pauvre des activités d'un représentant présent depuis quelques années sur son territoire de vente.

Quand la prospection est remise à l'ordre du jour, se pose la question du temps disponible, toujours insuffisant, pour prospecter. On peut déjà faire le ménage dans les emplois du temps : éliminer les activités inutiles, simplifier les tâches d'intérêt secondaire, revenir à l'essentiel, c'est-à-dire ce qui correspond aux objectifs prioritaires[1].

À ce sujet, deux écoles existent. Il y a :

• les tenants du jour réservé (une fois par semaine, une fois par mois) à la prospection. Ceux-ci estiment que l'activité de prospection exige une préparation et un tonus particuliers, et qu'il vaut mieux mobiliser son énergie pendant une journée spéciale ;

---

1. Pour aller plus loin, René Moulinier, *Gestion du temps : manager son travail, manager sa vie*, Chiron, 2006.

- les tenants de la prospection intégrée dans le circuit de visites, pour lesquels la clientèle à prospecter est visitée plus économiquement si le circuit de visites passe devant ou à proximité de l'implantation du prospect.

Nous nous garderons bien de trancher en faveur de telle ou telle école, chacune présentant autant d'avantages que d'inconvénients, tout en marquant une légère préférence pour l'inclusion des visites de prospection dans le circuit normal parcouru par le représentant.

COMMENT DÉFRICHER UN TERRITOIRE VIERGE ?

Il existe des territoires qui sont à considérer comme de véritables territoires vierges :

- parce qu'ils n'ont pas été travaillés, ou parce qu'ils ont été abandonnés depuis de nombreuses années avant que l'on songe à leur reconquête ;
- parce que l'équipement ou le produit présenté s'adresse à une clientèle connue par d'autres fabricants, mais ignorée de l'entreprise (par exemple dans le cas d'un nouveau produit de l'entreprise).

Les entreprises exportatrices qui abordent un pays nouveau connaissent bien ce cas de figure.

Dans une telle situation, le repérage des prospects sur la carte ne pourra être effectué qu'après la réalisation des trois premières étapes de la prospection :

1. Travail de recherche sur des annuaires ou auprès d'organismes susceptibles de fournir des informations et des listes d'adresses.
2. Visites, dont les premières sont principalement destinées à recueillir des informations pour prépondérer l'importance des prospects.

   On notera à cet égard que les premiers prospects abordés, si le délégué commercial adopte un profil bas « d'apprenti qui a tout à apprendre des gens d'expérience », peuvent décrire et situer avec une certaine exactitude les caractéristiques de leurs différents confrères.

3. Concentration ultérieure des visites sur les prospects estimés importants.

La prospection et la gestion de la clientèle acquise

Il paraît superflu de rappeler que si en prospectant l'entreprise prépare son avenir, elle doit prendre garde à ne pas pénaliser le présent, c'est-à-dire la clientèle acquise.

Cette recommandation semble une évidence. Cependant, quand une direction commerciale veut attirer l'attention de ses commerciaux sur la nécessité de la prospection, elle est tentée de mettre en place un système de rémunération (en général des primes[1]) tellement incitatif que sa forte proportion finit par handicaper la gestion courante des clients.

La solution à cette apparente antinomie est en général trouvée par l'institution d'une surprime si les deux objectifs de vente et de prospection sont atteints simultanément.

---

1. Primes d'activités, primes de résultats par rapport aux objectifs, prime de commandes de la première année à dater de l'ouverture de compte.

La prospection nécessite une hygiène de vie rigoureuse

La prospection nécessite, pour celui qui la prend en charge, une excellente condition physique et intellectuelle, ne serait-ce que pour mobiliser toute sa capacité d'attention au prospect.

Une telle activité ne peut pas être envisagée exclusivement, à plein-temps. Il convient d'alterner les activités de prospection avec d'autres tâches.

Bien entendu, nous parlons ici d'une prospection rigoureuse de bon professionnel, telle que nous l'avons décrite dans les pages qui précèdent et non pas de ce que nous considérons plutôt comme une cueillette extensive de contacts sans réel travail d'influence auprès des prospects.

Selon leur tempérament, certains commerciaux privilégient la ou les journées entières, consacrées exclusivement, chaque semaine, à la prospection. Ce regroupement des tâches de prospection est préféré par ceux qui doivent se forcer pour prospecter, et qui ont besoin de mobiliser leurs ressources personnelles pour être performants dans cette activité.

D'autres préfèrent inclure leurs visites de prospection au sein de journées consacrées à leurs clients acquis, ces derniers fortifiant en quelque sorte leur détermination.

Soulignons aussi l'intérêt de l'effort développé en commun lors d'opérations de prospection effectuées par l'ensemble de l'équipe de vente, soit sur la totalité du territoire pendant un temps donné, soit sur le territoire d'un seul représentant pour défricher plus rapidement et intensément des ressources inexploitées. Cette seconde méthode peut être employée successivement pour chacun des autres secteurs de représentants.

GARDER LE MORAL

Nous aimerions conclure ce chapitre sur le management de la prospection par une anecdote qui illustre bien la mentalité attendue des chargés de prospection.

L'un d'eux, gastronome averti, nous confiait un jour comment il gardait un moral combatif : « Quand je perds une affaire, je choisis un bon restaurant, et en sortant de table, j'ai oublié ma déception. Et quand j'ai gagné, je choisis aussi une bonne table pour célébrer mon succès. »

FIDÉLISER LA CLIENTÈLE

Fidélisation ou prospection ?

Cette question nous a été posée récemment par un journaliste de la presse économique, à qui nous avons répondu que son interrogation était surprenante. En effet, toute entreprise vit grâce à ses clients. La mission fondamentale de toute entreprise est de satisfaire pleinement sa clientèle. Parler de fidélisation, c'est avouer que l'on est défaillant sur certains points puisque les clients peuvent quitter leur fournisseur ou céder aux sirènes d'un fournisseur concurrent. Si vos clients sont satisfaits de vos produits, de vos services et de vos prix, ils ne seront guère tentés d'aller voir ailleurs. Et si même un de vos clients vous fait une infidélité temporaire, il risque de vous revenir après expérimentation de l'offre concurrente. La question de la prospection traitée ici, n'est pas un terme de l'alternative « fidéliser ou prospecter », mais une nécessité au-delà de l'indispensable exigence de qualité pour tous les clients.

La fidélisation est induite

La prospection coûte cher. Il ne s'agit pas que le portefeuille de clients de l'entreprise soit un tonneau des Danaïdes. Les clients nouvellement acquis doivent être conservés, fidélisés.

Pour certains – les adeptes du marketing direct –, la fidélisation résulterait d'un arrosage régulier d'informations et d'offres promotionnelles. On reconnaît là la pratique, couronnée de succès, de la vente de produits de grande consommation destinée à des particuliers.

Dès lors que l'on se trouve en négociation d'entreprise à entreprise (le « B to B » anglo-saxon), la fidélisation a un tout autre contenu.

On sait que vendre ne consiste pas à parler unilatéralement de son produit, service ou équipement, même avec une offre de prix attractive à l'appui.

Donc la fidélisation va naître plutôt :

- de l'échange régulier d'informations (la « communication » dans son sens étymologique, c'est-à-dire le *cum* – avec – a la première place). Mieux on se connaît – client avec ses besoins, ses particularités, ses circuits et ses critères de décision ; fournisseur avec ses capacités, ses impossibilités –, et plus fructueux sera l'échange d'informations.

- de la bonne compréhension – qui n'est ni nécessairement complicité et encore moins compromission – entre acheteurs, techniciens, ingénieurs, chercheurs, approvisionneurs chez le client, et commercial et services techniques chez le fournisseur.

- de la réaction rapide, vive, aux réclamations, dysfonctionnements, erreurs toujours possibles. Rien de tel pour perdre un client que de laisser pourrir une question posée à la suite d'une insatisfaction, quelle qu'en soit la nature.

La vente est un échange conduit par des personnes. L'informatique et Internet n'ont pas aboli ce principe.

Les commerciaux emploient beaucoup le mot de « confiance » pour expliquer leurs succès. Confiance du client envers son fournisseur. Ce n'est pas si mal vu, si l'on accepte l'idée que le succès commercial tient à une multitude de facteurs autres que cette fameuse « confiance ».

La confiance signifie que client et fournisseur s'appuient durablement l'un sur l'autre. Client et fournisseurs sont d'évidents et d'indispensables complémentaires. Ceci n'exclut pas, par moments, les franches explications, les mises au point, les orages (qui assainissent toujours en définitive l'atmosphère).

20

Que vaut votre visite de prospection ?

Toute prospection est coûteuse. Il s'agit donc de serrer de près son efficacité. Voici dix-neuf questions qui permettent de vérifier la qualité du travail effectué lors du premier ou des tout premiers entretiens de prospection :

1. Le prospect recherche-t-il/refuse-t-il notre type de fournisseur ? (par exemple désir de s'attacher exclusivement un fournisseur : « Si vous travaillez avec mon concurrent, alors j'exclus toute collaboration avec vous »).

2. Le prospect a-t-il fourni une information abondante et pertinente ?

3. Avez-vous trouvé une « ouverture » (préoccupation mal résolue par le fournisseur actuel et que votre entreprise peut mieux aborder).

4. Comment pensez-vous avoir été perçu par l'interlocuteur rencontré ?

5. Quel a été le climat de la visite ?

6. Avez-vous l'impression d'avoir rencontré le véritable décideur ?

7. La décision est-elle prise par une personne seule ? Par un petit groupe ?

8. Est-il facile/difficile d'accéder au véritable décideur ?

9. Pouvez-vous répondre aux « 5 Qui »[1]? Pouvez-vous esquisser un sociogramme ?

10. Avez-vous entendu des expressions ou des mots révélateurs ?

11. Le prospect est-il très sollicité/peu sollicité par nos concurrents ?

---

1. Qui décide ? Qui utilise ou bénéficie ? Qui gère le budget ? Qui paie ? Qui administre les achats ou annonce la décision ?

12. Ces concurrents sont-ils nombreux ?

13. Leur politique tarifaire est-elle stricte ? relâchée ?

14. Quelle est la position du concurrent en place (forte, moyenne, faible) ? Pourquoi ?

15. Vos propos étaient-ils principalement orientés vers la ou les préoccupations du prospect ?

16. Votre offre est-elle proche/éloignée de la problématique du prospect ?

17. Quel est le pronostic de réussite ?

18. À quelle échéance la décision sera-t-elle prise ?

21

Synthèse finale de la démarche de prospection

Étapes	Méthode	Moyens/Que faire ?/Que dire ?	Aide du management
Définition du champ de la prospection	• Stratégie de l'entreprise • Objectifs commerciaux • Détection des segments les plus favorables • Objectifs de la prospection	• Analyse fine du portefeuille de clientèle existant	• Travail effectué, par le service de marketing et la direction commerciale
Recensement des Prospects	• Recherche des adresses dans les annuaires • Collecte d'informations par la force de vente	• Annuaires généraux • Annuaires par profession • Fichiers	• Centralisation des informations • Plan de prospection • Coordination des actions de prospection
Repérage des prospects	• Vérification des adresses et recueil de brèves informations	• Fiche de prospect • Stagiaire ou secrétaire	• Nombre suffisant de lignes téléphoniques et locaux adaptés
Envoi des messages précédant l'appel téléphonique	• Poser le problème, sans dévoiler la solution • « Faire saliver » • 2/3 vous, 1/3 nous • Annoncer l'appel téléphonique • Envoyer les messages en proportion des appels téléphoniques qui suivront	• Machines à écrire à frappe répétitive ou machines à traitement de texte • Choix et présentation du papier à lettres • Choix et présentation de l'enveloppe	

.../...

Étapes	Méthode	Moyens/Que faire ?/Que dire ?	Aide du management
Appel téléphonique de prise de rendez-vous	• « Vendre » le rendez-vous • Ne pas argumenter, ni présenter la solution • Traitement des objections	• Quelques formules écrites sous les yeux • SOURIRE • « Oui » • Agenda ouvert pour convenir de la date de rendez-vous	• Nombre suffisant de lignes téléphoniques et locaux adaptés
Préparation de la visite	• Quel concurrent pouvons nous rencontrer ? • Préparation personnelle • Préparation des documents	• Analyse points forts-points faibles contre concurrence • Liste-guide de préparation de la visite	• Collecte et centralisation d'informations sur la concurrence • Information détaillée des chargés de prospection
Début du premier entretien de prospection	• Saluer • Se présenter • Identifier • Annoncer l'objet de la visite • Ne pas argumenter • Passer rapidement à la découverte	• « Look » • SOURIRE • Démarche • Carte de visite • Livret-support de prospection • Négociation d'égal à égal • Annoncer le plan de découverte proposée	• Conception du livret-support de prospection avec la participation de l'équipe • Réalisation du livret-support
Découverte	• Le plan de découverte • Réseau d'influence (5 Qui ?) • Processus d'acceptation • Entonnoir de découverte	• Techniques d'interview (questions et reformulations) • Écoute • Bloc-notes	

Étapes	Méthode	Moyens/Que faire ?/Que dire ?	Aide du management
Conclusion du premier entretien de prospection	• Définir qui fait quoi • Engager le prospect • Date du prochain rendez-vous		• Check-up du premier entretien • Pronostic de réussite
Lettre de confirmation de la visite	1. Remerciements 2. Situation succincte de votre entreprise 3. Les questions évoquées 4. Les actions attendues – de votre part – de notre part	• Éviter que les informations synthétisées ne se retournent contre votre interlocuteur dans son entreprise (lettre confidentielle ?)	
Monographie du prospect	• Clarification chez le prospect – du processus de décision – du réseau d'influences – des motivations de chaque interlocuteur		
Préparation de la deuxième visite de prospection (et des visites ultérieures de prospection)	• Préparation personnelle • Recherche des informations et documents à fournir pour la visite suivante • Objectif à atteindre	• Consultation de la monographie du prospect et des notes prises pendant la première visite • Pronostic de réussite • Check-up du premier entretien	

.../...

Étapes	Méthode	Moyens/Que faire ?/Que dire ?	Aide du management
Début du deuxième entretien et des autres entretiens de prospection	• Synthèse de la découverte et des décisions prises pendant le premier entretien • Complément de découverte	• Reformulation-résumé • Techniques d'interview • Bloc-notes	
Proposition et argumentation	• Rappel succinct des éléments principaux de la découverte • Formulation du problème • Contraintes à respecter • Exposé de la solution (proposition) • Argumentation • Éventuellement, argumentation comparative en s'appuyant sur les points faibles de l'autre solution	• Entonnoir de la découverte • Avantages généraux particuliers • Preuves • Avantages personnalisés • Question de contrôle	
Traitement des objections	• Comportement • Parade • Réponse	• Effritement • Affaiblissement • Appui • Témoignage • Compensation	

Étapes	Méthode	Moyens/Que faire ?/Que dire ?	Aide du management
Conclusion	• Tirer l'enseignement de la réunion de travail • Conclusion directe • Alternative • Stimulant • Bilan • Protocole	• Volonté de conclure • Recherche de l'accord • Prise de points d'appui pendant la découverte • Observation du comportement du prospect	• Pronostic de résultat
Relances	• Création d'un réseau de relations • Invitations • Déjeuner d'affaires • Lettre de compte rendu d'entretien • Appels téléphoniques	• Échéancier des relances • Fiches de prospect • Monographie du prospect • Éventuellement informatique	
Points périodiques sur les résultats de la prospection	• Ratios • Accords obtenus/Prospects contactés • Accords obtenus/Nombre de visites • Temps consacré • Chiffre d'affaires nouveau • Check-up des visites de prospection • Épuration des fiches de prospection infructueuses		• Aider les chargés de prospection à réussir • Formation • Appui-vente • Coordination des actions et des intervenants (commerciaux, techniciens, direction) • Leader commercial

Annexe 1

Évaluez l'entreprise qui vous interroge

Il arrive que votre entreprise soit sollicitée par une autre entreprise que vous ne connaissez pas ou seulement de nom. On se trouve ici dans une variante de la prospection, l'approche d'un nouveau client potentiel.

On vous demande un devis. Est-ce le début d'une relation d'affaires ? Ne vous traite-t-on pas plutôt comme un « lièvre » pour faire pression sur le fournisseur en place sans intention de s'en séparer ? L'entreprise qui vous questionne ne cherche-t-elle pas tout simplement à connaître l'actualité des prix du marché ? En définitive, vous vous interrogez pour savoir si cela vaut la peine d'engager du temps pour répondre à cette demande. Voici quelques questions pour vous aider à prendre votre décision :

IDENTIFICATION

- Que produit et vend ce prospect ?
- Quelle est sa réputation dans la branche ? Souhaite-t-il l'améliorer ? Vos produits ou services peuvent-ils y contribuer ?
- Exerce-t-il son activité dans un secteur très réglementé (soumission à des normes, par exemple) ? Quelles difficultés en sont la conséquence ? Vos produits ou services peuvent-ils l'aider à les surmonter ?
- Son marché est-il en croissance ? Stable ? En régression ? En effondrement ?
- Quelles sont ses prévisions à court terme ? À plus long terme ?

FINANCE

- Quelle est la situation financière de cette entreprise pour l'année en cours ? Est-elle financièrement solide ? Y a-t-il eu des accidents de parcours dans un passé récent ? Quelles sont les prévisions financières pour l'année à venir ? Et les suivantes ? Quelles sont ses habitudes de paiement ?
- Quels sont ses principaux coûts ? Vos produits ou services peuvent-ils contribuer à les réduire ?
- Recherche-t-il une performance à moyen terme ou un effet immédiat ?
- Ses investissements sont-ils consacrés à de nouveaux projets ? À l'amélioration de ses productions ? Vos produits ou services peuvent-ils soutenir ces intentions ?
- Quelle est la durée de l'amortissement de vos équipements ou produits ?
- Reçoit-il des aides publiques pour ses investissements ?

BESOINS

- Qu'attend-il de nos produits ou services ?
- Avec quelles solutions de marketing, de stockage, de livraison, pouvez-vous l'accompagner ?
- Son personnel est-il techniquement bien informé ? Que pouvez-vous proposer pour améliorer cette information ?
- Compte tenu de ses exigences, en quoi les réponses que vous apportez sont-elles plus efficaces que celles de la concurrence ?
- Le critère du prix l'emporte-t-il sur celui de la qualité ?
- La décision d'achat est-elle tributaire de l'intervention d'experts internes (recherche et développement, laboratoire d'essais, service technique) ou externes (prescripteurs) ?

- Ce prospect achète-t-il des produits ou services similaires aux nôtres chez différents fournisseurs ? Pourquoi ?
- Quel est son chiffre d'affaires annuel ? Son taux de croissance ? L'achat de notre catégorie de produits ou de services évolue-t-il proportionnellement au chiffre d'affaires ?
- Nos produits ou services peuvent-ils doper son chiffre d'affaires ?
- Quelle est sa fréquence de commandes ? Est-elle la meilleure pour lui ? Et pour vous ? Sinon, quelle argumentation serait susceptible de lui faire modifier cette fréquence ?
- Son potentiel d'achats justifierait-il un assouplissement de votre barème tarifaire ?

Relation interentreprises

- Êtes-vous client de ce prospect ? Cette relation a-t-elle une influence sur sa décision d'achat ?
- A-t-il déjà travaillé avec vous dans le passé ? Cette coopération a-t-elle été fructueuse ? A-t-il émis des réclamations ?
- Quelles références de nos clients l'influencent-elles favorablement ?

VOTRE INTERLOCUTEUR

- Quel est son parcours professionnel ? Vient-il de la recherche ? Du secteur financier ? De la production ? Des achats ? De la vente ?
- Quelle est son ancienneté dans la société ?
- Depuis combien de temps occupe-t-il son poste actuel ? S'y sent-il à l'aise ? A-t-il de grandes connaissances techniques ? Considère-t-il ce poste comme un tremplin ?
- Quel est son niveau hiérarchique ? Est-il le seul décideur dans l'entreprise ? Quelles fonctions occupent les autres décideurs ?
- Quelles informations faut-il lui fournir pour qu'il puisse faire accepter notre offre aux autres décideurs de l'entreprise ?
- Quelles sont ses motivations ?

Annexe 2

Deux définitions de fonction

LE CHARGÉ DE PROSPECTION DES NOUVEAUX COMPTES

L'homme ou la femme du *new business selling* est le fer de lance de l'entreprise. Bien que nous préférions que chaque vendeur soit lui-même chargé de prospection à temps partiel sur le secteur de vente qui lui est dévolu, nombre d'entreprises ont choisi de spécialiser certains commerciaux dans l'activité de recherche de nouveaux clients.

Définition générale de la fonction

Le chargé de prospection a pour activités :

- le repérage et l'identification des entreprises du secteur géographique ou de la branche professionnelle dont il a la responsabilité, et qui ne sont pas en relation d'affaires avec notre entreprise ;
- la prise de contact avec le ou les décideurs ;
- l'étude des besoins des prospects et la mesure du degré de satisfaction éprouvé auprès des fournisseurs actuels ;
- la conduite de la négociation jusqu'au terme de la première commande et le passage du relais au vendeur qui assurera ensuite la relation commerciale courante avec ce client.

Relation de dépendance

Placé sous la responsabilité du chef des ventes, il peut avoir une position de vendeur senior qui exerce le rôle de conseiller et d'appui auprès des autres vendeurs, notamment quand ceux-ci souhaitent étendre les ventes chez des clients acquis dans des services ou des départements avec lesquels ils ne travaillent pas.

Profil de réussite

Vendeur expérimenté, il a souvent entre 30 et 40 ans et aime la conquête. C'est un coureur de fond, psychiquement solide, curieux, qui a le flair des affaires. Brillant dans les premiers contacts, la relation commerciale courante l'ennuie.

Son organisation rigoureuse est une qualité qui lui permet d'être présent au moment où se prennent les décisions.

Une certaine latitude dans la conduite de ses activités lui sied particulièrement. Son efficacité s'apprécie sur une moyenne période (plusieurs mois).

L'INGÉNIEUR D'AFFAIRES

Les ingénieurs d'affaires[1] ou chargés d'affaires exercent la fonction commerciale au sein des métiers de :

• prestataires de services : bureaux d'études, conseils, organismes de formation, sociétés de services informatiques, importantes sociétés de courtage d'assurances, banques d'affaires et établissements financiers, auxquels on ajoutera ceux qui négocient

---

1. Cette appellation où la rigueur de la technique illustrée par le mot « ingénieur » est associée à l'image plus imprécise des « affaires », mérite une explication. On n'oubliera pas que le latin *ingenium* peut se traduire par « talent d'intelligence » et par « aptitude à trouver », deux expressions qui, elles, s'associent bien aux affaires commerciales que le titulaire de ce poste est appelé à rechercher et à mener à bien.
(En réalité, le mot ingénieur semble être l'héritier de l'*engénieur* ou constructeur d'engins, de machines de guerre sous la Renaissance).

des contrats de longue durée (par exemple avec les organismes publics et les collectivités locales) ;

* constructeurs de biens d'équipement industriels complexes : machines spéciales, compresseurs, turbines, chaudières, rotatives et matériels d'imprimerie, fours, etc.

* entrepreneurs : bâtiment, travaux publics, constructeurs d'ensembles industriels clés en main, installateurs, monteurs, etc.

Définition générale de la fonction

L'ingénieur d'affaires est chargé :

* de la prospection des affaires chez les *générateurs d'affaires* (clients et prospects), y compris dans la phase préliminaire de la candidature à préqualification ;

* de l'étude du besoin du client (si nécessaire en associant un ou des ingénieurs de projet) en vue de la soumission de l'offre ;

* de la négociation jusqu'à l'accord sur le contrat ;

* du suivi, sur le plan commercial, du déroulement de l'opération technique.

Relations

Relations de dépendance

Il est placé sous la responsabilité du directeur général commercial. (Il peut donc avoir un rang hiérarchique assimilable à celui de chef des ventes.)

S'il est un ingénieur d'affaires junior, il peut dépendre plus directement d'un chef de marché ou de groupe d'affaires, soit sur le plan géographique (Europe du Nord, Europe du Sud, Afrique, Sud-Est Asiatique, Proche-Orient, Amérique latine, Amérique du Nord), soit sur le plan des spécialités (industries pétrolières, industries chimiques, industries agroalimentaires, laboratoires pharmaceutiques, hôpitaux et cliniques, etc.).

Relations fonctionnelles

Tant que l'on est au stade commercial et jusqu'à l'accord sur le contrat, l'ingénieur d'affaires est le *leader* associé à l'ingénieur de projet (qui étudiera avec lui l'affaire envisagée sur le plan technique) et au juriste (qui mettra au point les termes du contrat). Dès que le projet atteint le stade de la réalisation, il devient l'associé de l'ingénieur de projet, qui prend alors le leadership technique.

Ainsi, est respecté le principe de l'interlocuteur unique face au client (maître d'ouvrage et maître d'œuvre).

Limites de compétence

Dans son rôle commercial, si l'ingénieur d'affaires a autorité dans le domaine relationnel, il agira au plus comme conseil sur le plan technique et de la gestion, la responsabilité et l'autorité étant détenues par les titulaires *ad hoc* (ingénieur de projet et responsable de la gestion).

Profil de réussite

L'ingénieur d'affaires dispose d'une solide culture générale technique, commerciale et financière.

Homme ou femme de contact, il sait coopérer de plain-pied tant avec les responsables au plus haut niveau qu'avec les ingénieurs, les techniciens et les gestionnaires, aussi bien chez ses clients qu'à l'intérieur de sa propre organisation.

C'est un entrepreneur qui a le goût des affaires, le sens des opportunités, de l'imagination, des réflexes rapides et une grande stabilité émotionnelle pour affronter les multiples aléas des négociations.

Critères d'évaluation des performances

Les performances de l'ingénieur d'affaires sont évaluées en fonction :

- des consultations de préqualification (son entreprise est-elle destinataire des appels d'offres ?) ;
- du volume et du nombre des appels d'offres ;
- du taux de transformation des consultations en contrats.

On peut accessoirement y ajouter :

- le nombre de devis ;
- le nombre de litiges, les pénalisations de retard ;
- la bonne fin des règlements financiers ;
- la rentabilité des affaires menées à leur terme ;
- le degré de satisfaction des clients et la réputation obtenue par l'entreprise-fournisseur (possibilité d'exploiter les références acquises) ;
- le climat de travail et de coopération interne à l'entreprise (relations entre techniciens, gestionnaires, juristes et commerciaux) ;
- le degré d'innovation dans les solutions mises en place, notamment quant aux avantages concurrentiels qui en résultent.

Annexe 3

L'opération commerciale : la DRAC

Nous avons organisé pour le compte d'un distributeur de matériel électrique une opération de prospection, conçue selon le principe de la DRAC, et qui a été un succès. Celui-ci a été obtenu, notamment, parce que pour préparer la prospection, nous avons associé aux commerciaux itinérants, les vendeurs-comptoir, les vendeurs-téléphone et les standardistes : chacun a pu s'exprimer et de nombreuses idées pratiques ont pu être recueillies.

Nous définissons l'opération commerciale comme une impulsion temporaire exercée par toute ou partie de la force de vente de l'entreprise pour réussir le lancement d'un produit nouveau, ou occuper une place laissée libre par la concurrence, ou redresser les ventes d'un produit ou l'ensemble des ventes ou encore pour faire face à un élargissement rapide du marché. L'opération commerciale peut également, dans son principe, s'appliquer à la prospection d'une nouvelle clientèle.

On peut considérer que ces activités font partie de la vie courante de toute force de vente et qu'il n'est pas nécessaire de leur consacrer plusieurs lignes. Cependant, nous avons une conception particulière de ce montage d'opération. D'ailleurs pour le singulariser nous lui avons donné le nom d'un torrent alpin « impétueux » – le Drac – symbole plein de promesses pour stimuler une équipe de vente et dont les initiales signifient Dynamique Rationnelle d'Action Commerciale.

Il s'agit bien en effet d'une opération rigoureusement pensée (rationnelle), se manifestant par une activité de vente (action commerciale) et créant un mouvement (dynamique). Il n'est jusqu'au symbole du torrent, avec le caractère éphémère de ses crues, qui n'ait son utilité, puisque l'opération commerciale du type de la DRAC a, d'une part, un caractère temporaire comme nous l'exposions dans notre définition, et, d'autre part, s'inscrit dans les structures naturelles de l'entreprise comme le torrent épouse la géographie des vallées par lesquelles il passe.

Opération rigoureusement pensée, la DRAC commence par un examen de la situation commerciale, puis se poursuit par la « lecture » du marché, l'analyse de son évolution, l'interprétation des données recueillies et par l'élaboration d'hypothèses de développement pour le ou les produits que l'on souhaite propulser ou faire redémarrer.

Ensuite, s'élabore un plan de bataille comprenant la détection des cibles, la prévision des ventes possibles, la mise en point d'un compte d'exploitation prévisionnel, la définition des activités de l'équipe de vente pendant l'opération et des moyens mis à sa disposition pour l'aider à atteindre l'objectif. On n'oubliera pas de redéfinir les méthodes d'approche du client et de conduite du ou des entretiens.

Puis, l'opération est lancée, suivie, animée et contrôlée de bout en bout.

Enfin, les résultats sont interprétés en vue de générer une amélioration du processus[1].

Il était symptomatique d'entendre dire de la part de ces personnels : « C'est la première fois qu'on nous demande notre avis pour organiser une opération commerciale. » Nous pouvons témoigner de l'excellente adhésion obtenue de la part de chacune des catégories de personnel ainsi associée.

---

1. Lire pour plus de détails, *L'efficacité du commercial, les 14 clés de la réussite*, chapitre 13 (*op. cit.*).

Index

www.ingramcontent.com/pod-product-compliance
Lightning Source LLC
Chambersburg PA
CBHW061155220326
41599CB00025B/4484